ESQUISSE
RAPIDE ET HISTORIQUE

SUR L'ADMINISTRATION DE L'ALGÉRIE DEPUIS 1830

Et sur la Direction qu'y donne le Général Bugeaud.

—

QUELQUES OBSERVATIONS
SUR LES ATTAQUES
Dirigées contre la Propriété et contre les Colons.

—

MESURES A ADOPTER
Pour assurer la Colonisation.

Par A.-G. Rozey,

Vice-Président-Rapporteur de la Société Coloniale, ancien Vice-Président de la Chambre de Commerce, Lieutenant-Colonel de la Milice Africaine, président le Comité de correspondance des Colons, auteur du livre intitulé : CRIS DE CONSCIENCE DE L'ALGÉRIE.

« . . . . . Douze ans de charlatanisme gouvernemental doivent
« suffire à l'éducation colonisatrice des deux pays. » Page 13.

« . . . . . . Or, en Algérie, avant notre conquête, quels étaient
« les droits des habitants sur les immeubles urbains ou ruraux ?
« ils les affermaient ; ils les vendaient ; ils les donnaient ; ils en
« disposaient par testament ; ils les laissaient avec substitution.
« Des milliers d'actes constatent ces faits ; ils sont entre les
« mains de tout le monde, et l'administration des finances elle-
« même en conserve dans les archives du domaine plus de sept à
« huit mille. » Page 14.

FLOUR DE SAINT-GENIS, Inspecteur de l'enregistrement
et des domaines. Brochure publiée à Alger, mars 1842.

MARSEILLE,

MARIUS OLIVE, IMPRIMEUR , RUE PARADIS, 47.

—

1842

MÉMOIRE

AUX

CHAMBRES LÉGISLATIVES.

Messieurs les Députés , Messieurs les Pairs ,

La question d'Afrique, si facile à résoudre favorablement pour la conquête même aux débuts de l'occupation, ayant grandi chaque année de toute la puissance d'intérêt que lui donnent le sang et l'or qu'elle coûte à la France, se présente à la douzième session législative avec toutes les sympathies de la gloire et de l'honneur national ; mais aussi avec son escorte accoutumée des abus qu'elle a fait naître, qu'on n'a pas cherché à prévenir, qui entravent son progrès et dont on n'a pas encore su ou voulu la dégager.....

L'Algérie, Messieurs, cette vérité est affligeante à dire, n'a jusqu'ici été qu'une vaste arène où les ambitions de tous les étages, souvent poussées par l'intrigue, sont venues se débattre et prendre curée.

Signaler les causes de ce mal et indiquer les remèdes à y apporter est de la compétence de ceux qui en souffrent. A ce titre, je vais essayer de remplir cette double tâche :

Il serait difficile de distinguer si nous devons la neutralisation des sacrifices de la France et de nos constants efforts depuis onze ans à un parti pris, ou seulement aux effets du hasard... Dans le premier cas, il y aurait bien du machiavélisme ; dans le second, on pourrait s'étonner que la fatalité nous ait rendu ce hasard aussi persévéramment contraire.... Nous croyons donc, Messieurs, devoir ne rien préjuger à cet égard et abandonner la solution de cette délicate question, dans la pensée de chacun, à l'ensemble des faits que nous allons examiner et des réflexions dont nous les appuierons.

Nous ne hasarderons rien, Messieurs, en proclamant que la cause principale et peut-être unique d'où découlent toutes les autres, de l'état précaire et languissant où on a entretenu notre belle colonie, est tout entière dans l'instabilité gouvernementale qu'on a jusqu'ici imprimée à sa marche, et dans la désolante mobilité de ses administrateurs (1)...... Abandonnée aux divers systèmes qui ont caractérisé le passage de chacun de ses gouverneurs, soit que le système leur ait été propre ou

---

(1) Sous l'administration actuelle, durant l'automne de 1841, le gouverneur, partant pour la campagne d'Oran, livra l'intérim du gouvernement d'Alger, au préjudice du directeur de l'intérieur, auquel de droit il revenait, au général Baraguay-d'Hilliers, qui le céda au général De Bar, qui le transféra au général Changarnier, qui le repassa au général Liautey, qui le remit au général De Bar, lequel enfin le rendit au titulaire, tout cela dans l'espace de 5 à 6 semaines, au grand détriment de la chose publique.

qu'ils en aient subi l'influence , elle en a supporté toutes les vissicitudes.

On l'a vue dans le chaos, sous le coup des fautes inhérentes à la position critique de son chef, incertaine, rétrogader. . . . , abandonner Bône et Oran où elle n'avait fait que paraître, et ainsi perdre sur l'esprit des Arabes le prestige de la victoire, sous le maréchal de Bourmont ;

Entreprenante, progressive, s'organisant administrativement et judiciairement, jetant les bases d'un avenir solide dans un traité malheureusement désavoué par la susceptibilité d'un ministre, sous le général Clauzel ;

Arrogante d'abord , timide après l'échec du col de Téniah, pâlissant dans l'ombre (1), pour acheter un repos insolite, la resserrant sous les murs d'Alger avec 15 mille soldats qui avaient peine à s'y mouvoir, incapable, découragée, sous le général Berthézène ;

Sortant de son engourdissement, active, énergique , diplomate, consolidant sa possession par des travaux utiles, des routes à l'intérieur, et par des relations politiques avec les Arabes à l'extérieur, sous le duc de Rovigo ;

Temporisatrice, déchirée par la rivalité du général Desmichels à Oran qui, dupe de sa foi dans les grossières intrigues d'un Marabout (2), et en jalousie de son supérieur, par son traité du 26 février 1834 avec Abd-el-Kader, posa la première base de la nationalité arabe. Compromise par cet acte impolitique , néanmoins pro-

---

(1) Traité secret entre le général Berthézène et le Marabout el-Hadi-Mahiddin-el-Sgir-Ben-Sidi-Ali-Ben Moubareck, vu aux mains de ce dernier qu'il élevait à la dignité d'Agha de la plaine avec soixante dix mille francs d'appointements.

(2) Sidi-Ali-Ben-el-Kalati de Miliana ; voir sa curieuse lettre reproduite des *Annales Algériennes*, à la page 290 de mon livre cité ci-après.

tectrice de l'agriculture à Alger, mais stationnaire, sous l'intérim du général Voirol ;

Fondant le premier établissement militaire de la plaine à Bouffarick, menaçante aux manifestations d'Abd-el-Kader de franchir le Chélif pour prendre Médéah et étendre son influence sur les tribus de la Mitidja, immobile pendant l'exécution de cet envahissement, adulatrice du moderne Jugurtha après son accomplissement ; tergiversante, irrésolue, faible, passive, enchaînée aux prescriptions ministérielles, et en décadence, sous le vénérable comte d'Erlon ;

Décimée par le choléra, paralysant toute action administrative aux débuts de son nouveau chef, néanmoins moralement régénérée par sa confiance dans l'habileté et les loyales intentions de ce colonisateur, étendant sa domination dans l'ouest, sur Mascara, Tlemcen et la Tafna, prête à s'asseoir sur Constantine où, au contraire, elle rencontre l'échec préparé par les parcimonies ministérielles...., affligée du délaissement manifeste du pouvoir et jetant des regards sombres et inquiets dans l'avenir, sous le maréchal Clauzel, puissamment secondé par les fréquents intérims du général Rapatel ;

Humble, pacifique, *quand même*, humiliée, déconsidérée, décroissante et avilie par la déplorable paix de la Tafna, mais poussée irrésistiblement au triomphe de Constantine, sous le général de Damremont ;

Victorieuse au départ, créatrice d'établissements d'avenir sans préoccupation du présent, hostile aux colons, dissimulée à l'excès, audacieuse, s'aventurant témérairement à travers les Bibans, et puis, par la rupture du traité de la Tafna, laissant anéantir jusqu'à la dernière de nos cultures de la plaine par 1,500 brigands. .; blottie dans nos camps, abâtardie, molestée jusqu'aux portes d'Alger, mais prodigue de sang et d'or dans les lourdes expéditions, se relever enfin à la voix de son chef ; abju-

rant ses erreurs et entrant franchement dans la colonisation, comme pour se faire briser, sous le maréchal Valée;

Désireuse de se maintenir dans cette dernière voie
bien comprise de son chef intérimaire et dans la pénible
expectative de celle qu'on y substituerait, sous le court
passage du général Schramm, qui a précédé l'arrivée du
gouverneur actuel dont nous nous occuperons bientôt.

Ainsi, de l'examen rapide qui précède, il résulte que
la colonie à peine assise a rétrogadé avec le maréchal de
Bourmont; progressé avec le général Clauzel; rétrogradé avec le général Berthézène; progressé avec le duc
de Rovigo; stationné avec le général Voirol; rétrogradé
avec le comte d'Erlon; progressé avec le maréchal Clauzel; rétrogradé avec le général Damremont; progressé,
rétrogadé et rentré dans le progrès avec le maréchal Valée, et enfin stationné quelques jours dans la bonne
voie avec le général Schramm.

A travers les oscillations de cette bascule sans fin, arrêtant tour à tour, dans leur marche, les gouverneurs co-
lonistes et ceux qui ne l'étaient pas, les derniers au
terme au-delà duquel les déceptions, dont ils ont été les
auteurs ou les instruments, ne pouvaient plus se tolérer,
il est au moins consolant de constater que la colonisation, presque toujours à l'index, a néanmoins, sous le
rapport industriel, poussé de profondes racines dans
tous les centres de population européenne; et que les
essais agricoles, au sein des dangers sans cesse renais-
sants, ont prouvé le haut degré de prospérité qu'elle at-
teindra, dès qu'elle sera efficacement protégée.

Si ces courageuses tentatives de culture qui, dans un
ordre de choses naturel, auraient enrichi les colons,
ont, par des calamités qu'il serait trop long de rappeler
ici, ruiné les uns et plongé les autres dans la gêne; et
si, par cette cause, la production agricole n'a pas encore
offert de compensation importante aux sacrifices énor-

mes de la France, c'est que le gouvernement n'a jusqu'ici absolument rien fait pour elle, et que ses agents, au contraire, ont semblé prendre à tâche de la décourager par tous les moyens possibles.

Il lui fallait stabilité, sécurité, salubrité à l'intérieur, et confiance au dehors. . . . ; elle n'a encore possédé aucun de ces éléments de réussite.

Nous avons démontré comment la première des conditions que nous venons d'énumérer lui a manqué, nous ajouterons qu'elle en jouira dès que le gouvernement en aura la ferme volonté.

La seconde condition de production est la conséquence obligée de l'existence de la première; la stabilité en effet nous doterait promptement d'une bonne organisation gouvernementale et de la loi de réunion de l'Algérie à la France, vainement sollicitée depuis neuf ans et pourtant si nécessaire, si indispensable pour convaincre l'Arabe que notre possession est définitive, et que nous ne la sacrifierons plus, quand il embrasserait de nouveau notre cause. Ce but atteint, la sécurité sera aussi complète qu'immédiate; la résignation du Musulman aux faits accomplis en est la certitude.

A son tour, la sécurité accélèrerait la salubrité que l'humanité n'a pas discontinué de réclamer et qu'il est vraiment atroce de n'avoir pas encore procurée. . . . ! Deux millions pour la Mitidja, un million pour la plaine de Bône suffiraient pour dessécher les marais pestilentiels de ces deux grands centres de colonisation. Employés il y a deux ans, comme cela se pouvait, il sauraient affranchi l'armée de la perte annuelle, dans la province d'Alger, d'environ un quart de son personnel, succombant sur les lieux ou emportant le germe de la mort; et le trésor, d'environ dix millions déboursés, année commune, pour l'entretien de cette épouvantable non-valeur.

Ces affligeantes vérités ont été et sont chaque jour

répétées par tous les échos de la presse; la société coloniale, les colons à diverses époques, dans maintes péti-
tions, les ont, Messieurs, portées à votre connaissance...;
des fonds, insuffisants à la vérité pour procurer un bienfait immédiat, ont été votés à chaque session pour cette
sainte destination; mais, par une fatalité sans exemple,
presque toujours, et notamment sous MM. Valée et Bugeaud, ils n'ont pas été utilisés, ou ont reçu un autre
emploi.

Tant que cet abus monstrueux du pouvoir, qui ne peut
arguer d'ignorance, se prolongera, malgré les protestations favorables qu'on nous a faites et qu'on pourra nous
faire encore, et malgré les espérances de pacification
résultant du succès de nos armes, nous croirons qu'on
ne veut pas coloniser, et que le but caché des allocations
demandées pour 1842 sera le gouffre improductif de déceptions où, jusqu'ici, se sont engloutis les sacrifices de
la patrie.

Nous avons dit que la quatrième condition de succès
de la production agricole était d'imprimer la confiance
au dehors. Cette condition est inhérente à l'existence
des trois premières, nous dirons plus : Seule elle aurait
même la puissance de les produire, si on faisait loyalement
tout ce qui convient pour l'établir.

Nous avons fait connaître l'allure saccadée de toutes les
administrations qui ont successivement pesé sur l'Algérie
avant celle du général Bugeaud; l'esquisse que nous allons tracer de cette dernière prouvera qu'elle est arrivée
au but opposé de cette confiance, sans laquelle pourtant
il n'est pas d'avenir prospère pour ce beau pays. Nous
laisserons parler les faits :

La France s'étonna, l'Algérie s'alarma à la nouvelle
de la nomination du général Bugeaud au gouvernement
d'Alger..... Vient-il achever la ruine de la colonie?

Vient-il la faire prospérer ? Voilà ce que chacun se demanda. . . . En présence des funestes antécédents de cet homme extraordinaire, la crainte dut nécessairement dominer l'espérance. . . . Son traité de la Tafna. . . ., ses opinions subversives de tout avenir colonial, publiées et hautement proclamées à la tribune élective, étaient trop vivantes dans tous les esprits pour n'y pas allumer une juste et prudente défiance. . . . . ; ce fut sous l'influence universelle de ce sentiment que nous le reçûmes. En nous abordant, il nous dit :

« Habitants de l'Algérie !

« A la tribune comme dans l'exercice du commandement militaire en Afrique, j'ai fait des efforts pour détourner mon pays de s'engager dans la conquête de l'Algérie, je pensais qu'il lui faudrait une nombreuse armée et de grands sacrifices pour atteindre ce but ; que, pendant la durée de cette vaste entreprise, sa politique pourrait en être embarrassée, sa prospérité intérieure retardée.

« Ma voix n'était pas assez puissante pour arrêter un élan qui est peut-être l'ouvrage du destin. Le pays s'est engagé, je dois le suivre ; j'ai accepté la grande et belle mission de l'aider à accomplir son œuvre, j'y consacre désormais tout ce que la nature m'a donné d'activité, de dévouement et de résolution.

« *Il faut que les Arabes soient soumis ; que le drapeau de la France soit seul debout sur cette terre d'Afrique !* (1) »

Cette solennelle confession des torts passés et ces manifestations, toutes favorables à l'avenir colonial, furent généralement bien accueillies. . . . . Les préventions se turent devant cette patriotique exclamation : « Il faut

____

(1) Proclamation du 22 février 1841.

que les Arabes soient soumis; que le drapeau de la France
soit seul debout sur cette terre d'Afrique.» Et si on dé-
plora que le gouvernement eût confié nos destinées à des
mains jusque là aussi ouvertement hostiles, les promesses
qui ont suivi le franc aveu qui en a été fait donnèrent
de l'espérance. . . . On va voir que sous le rapport de la
sérieuse colonisation, elle est loin de s'être réalisée :

« La guerre, indispensable aujourd'hui, » ajoute le
« général Bugeaud dans le même document, « n'est pas
« le but; la conquête serait stérile sans la colonisation.

« *Je serai donc colonisateur ardent*, car j'attache
« moins de gloire à vaincre dans les combats qu'à fon-
« der quelque chose d'utilement durable pour la France.»

Nous avons dû croire à la sincérité de cette promesse,
et cependant nous le répétons à regret, rien encore
dans le sens des intérêts positifs du pays, en dehors de
la guerre, n'est venu la justifier.

Le général Bugeaud, depuis 14 mois qu'il est parmi
nous, à proprement parler, n'a fait que la guerre, car
ses démonstrations en faveur de l'agriculture sont plus
propres à la tuer dans l'avenir qu'à en aider le développement.

En rendant justice à ses talents guerriers, nous sommes fondés à lui dire : Vous n'avez pas toujours su les
employer opportunément. Nous citons l'extrait d'un
long article du *National de l'Ouest*, journal de Nantes,
du 22 janvier dernier, parce qu'il est dans le vrai; nous
en recommandons la lecture : « Vous avez fait la guerre
« de bon aloi, en général habile, pour tout ce qui
« touche à la stratégie et règle générale. Ce n'est pas
« votre faute si vous n'avez que rarement eu des enne-
« mis à combattre; mais votre inexpérience du climat a
« été funeste à l'armée, dont vos expéditions en juin et
« septembre, malgré les avertissements de la presse et
« des officiers sous vos ordres, ont encombré les hô-

« pitaux..... Celles de juin l'auraient anéantie, si, par
« une espèce de miracle, la température de ce mois, or-
« dinairement si brûlante, n'avait exceptionnellement
« été rafraîchie par des brises semblables à celles d'a-
« vril. Ajoutons que les marches forcées, familières à
« votre lieutenant Baraguay-d'Hilliers, ont puissamment
« concouru à l'effrayante réduction des rangs de nos
« braves. »

La guerre : voilà pourtant le seul beau côté de l'administration du général Bugeaud. Si, comme on nous
le fait espérer, la pacification en devient le résultat,
nous oublierons qu'on aurait pu l'obtenir à meilleur
marché, pour nous souvenir que nous lui en devrons le
bienfait. Déjà nous bénissons que ses idées se soient
assez modifiées de ce qu'elles étaient, quand il faisait
évacuer Tlemcen et détruire le camp de la Tafna, pour
lui faire comprendre que c'était seulement en se rendant maître de tous les centres d'action de notre ennemi,
qu'on pourrait l'atteindre ce bienfait.

Ainsi que dans tous les cas analogues nous avons eu
à le déplorer, puissent quelques machiavéliques et bien
infernales mesures ne pas venir encore détruire le bien
produit par nos armes, en retirant prématurément nos
troupes des points occupés au-delà des zônes nécessaires
à la colonisation, avant d'y avoir assis solidement notre
domination par des beylicks tributaires, qu'une bonne
politique peut et doit y organiser.

Pour consolider cet ordre de choses vraiment indispensable, si on veut tirer parti de notre conquête par
l'intermédiaire du général Bugeaud, il faudrait qu'il de-
vînt ce qu'il a solennellement promis d'être...., ce qu'il
n'a pas encore été : *colonisateur ardent*..... Nous avons
avancé qu'il a marché dans la voie opposée; l'examen de
ses actes, auquel nous allons nous livrer, en fera res-
sortir la preuve :

A peine installé parmi nous, il supprime le plus grand nombre des postes sous la protection desquels, depuis plusieurs années, la culture du massif d'Alger se développait en sécurité. Justement effrayés par les assassinats et les vols qui en sont la conséquence, les colons sacrifient leurs travaux exécutés, véritable cause de ruine pour eux, et, sur tous les points avancés, abandonnent leurs habitations qui sont pillées par les maraudeurs arabes.

Le 19 mars 1841, un arrêté déclare toute l'Algérie en état de guerre : la milice africaine passe sous les ordres immédiats du commandant militaire de la place d'Alger; les citoyens sont assujettis à un service rigoureux et vexatoire, d'autant plus pénible que la garde de la ville leur est exclusivement confiée.... Bientôt on en démolit les portes, sous prétexte de les agrandir, et ce surcroît de danger qu'on pouvait éviter, en choisissant un autre moment, n'empêche pas le gouverneur d'emmener, pour ses expéditions, tout ce qu'il y a d'hommes valides dans l'armée, laissant ainsi toutes les avenues du Sahel, dont on semble provoquer la ruine, ouvertes à l'ennemi qui, par bonheur pour la conservation de ce *palladium* de la colonisation, croit y voir un piége et ne s'y engage pas.

Ces mesures de haute imprudence, qu'on pourrait qualifier plus sévèrement, ont été poussées si loin que, cela paraîtra incroyable, la garde des forts de l'Empereur et Babazoun a été confiée chacune à un planton ; car dix à douze ouvriers d'administration, cordonniers ou tailleurs y ayant leur atelier, ne peuvent être considérés comme une garnison.

Le vaste établissement de Bouffarick, complètement isolé, à 10 lieues d'Alger, ne comptait dans le même temps qu'une vingtaine de défenseurs en état de porter les armes, au point que le troupeau du camp n'allait plus paître hors de l'enceinte de la ville.

Il faut avoir vu l'état de délabrement de ce premier berceau de colonisation de la Mitidja, aujourd'hui en voie d'abandon et naguère encore si florissant, pour se figurer la misère des malheureux colons.....

Ce n'était pas assez d'avoir lutté, les premières années, contre les fièvres qui en ont tué le plus grand nombre, malgré le bienfait des travaux de dessèchement qui les auraient affranchis de ce fléau, s'ils avaient été continués, quand, au contraire, leur inconcevable cessation leur aura bientôt rendu leur funeste intensité primitive; il fallait que leur position déjà si affligeante s'aggravât encore, sous le gouverneur actuel, des rigueurs exagérées de l'arbitraire du sabre que ses devanciers n'avaient pas poussées aussi loin.

Leurs foins, refusés en grande partie par l'administration, qui seule pouvait les acheter, ont, dans certains cas, en mai dernier, par exemple, été enlevés de vive force, sans aucune indemnité, par la cavalerie de passage privée de rations. En d'autres cas, ils ont, faute de protection suffisante, été incendiés par les Arabes. Toutes leurs plantations, faites à grands frais, ont été détruites et les bois des maisons non occupées ont été arrachés, parce qu'après une étape d'au moins cinq lieues de tous côtés, on n'en donne pas au soldat exténué de fatigue pour faire sa soupe (1).

---

(1) Le *National de l'Ouest*, du 3 décembre dernier, cité, après avoir rendu compte du désastre causé par le bivouac des troupes sur ce point, dans la nuit du 7 au 8 novembre précédent, ajoute : « .... La destruction s'est étendue aux maisons. Les « bois, portes et fenêtres ont été enlevés partout où il ne se « trouvait personne pour les défendre. Un colon seul, chargé « de soigner sa femme et ses deux enfants gravement malades, « trouvant, à la rentrée d'une course qu'il venait de faire pour « leurs besoins, sa porte et ses fenêtres volées, privé de tout « moyen de fermer ces ouvertures et le désespoir dans l'âme, « courut dénoncer le fait au colonel Genty, du 24° de ligne, com- « mandant temporaire du camp, et lui demanda la mort comme

Sous un commissariat civil impuissant à les protéger , leurs plus justes réclamations sont repoussées par le chef militaire qui, quelquefois, répond à des raisons par des menaces d'emprisonnement, menaces qui ne sont pas toujours sans effet.

Enfin on exige d'eux un service comme miliciens qui, pesant sur toutes les classes, allait pendant les expéditions jusqu'à leur faire monter une garde tous les cinq jours : charge qui a fait refluer tous les domestiques sur Alger, parce qu'ils redoutaient, avec raison, les fièvres que d'aussi fréquentes nuits passées au milieu des miasmes n'auraient pas manqué de leur donner, et auxquelles n'ont pas échappé les maîtres attachés par leurs intérêts à cette terre de malheur.

Cependant les immenses germes de prospérité qu'elle recouvre ont été assez appréciés par l'intérêt privé, pour l'avoir poussé à y élever spontanément une foule de belles constructions, dont une a coûté fr. 86,000, qu'un peu de protection et surtout la reprise du dessèchement si facile, si peu dispendieux à opérer, feraient décupler en deux ans ainsi que les produits du sol.

Le Gouverneur paraît comprendre autrement les choses, et le mot assainissement semble rayé de son dictionnaire. Il vient de transférer les autorités de cette localité à Blidah et, au mépris de la foi des colons acquéreurs et concessionnaires dans les promesses du gouvernement d'assainir, il va consommer leur ruine en vidant temporairement les lieux où il ne restera qu'un faible détachement pour la garde du camp, avec la pensée,

---

« une faveur, pour, disait-il, être affranchi d'assister à celle de
« sa malheureuse famille, que l'intempérie de la nuit ne pouvait
« manquer de tuer. Ce digne militaire, comprenant tout ce que
« la situation de ce malheureux avait d'horrible , lui donna 50 fr.
« de sa bourse et l'exhorta à la résignation, etc. , etc. »

nous a-t-on assuré, d'y établir plus tard un village militaire.

Certes, la création de villages, et la colonisation militaire d'après les moyens d'exécution développés dans une brochure du colonel Marengo (1), moyens consistant essentiellement dans l'emploi de soldats ayant encore trois ans de congé à faire, dont il offrait et offre toujours de faire l'application, seraient, en plaçant ces villages dans les conditions qu'il indique, un immense bienfait pour l'Algérie et pour la France; mais son plan est trop simple, trop peu dispendieux et d'une réussite trop certaine pour qu'on s'y arrête.

Si le Gouverneur, enthousiaste de ce mode de colonisation qu'il a préconisé dans deux brochures, s'y montre théoricien, il n'est pas heureux en pratique dans son premier essai; car, outre que l'emplacement de Fouka, adossé à l'obstacle continu, soit mal choisi pour un village agricole, par cette cause qui place moitié des champs à cultiver au-delà de la distance commune du centre d'habitations où ils se trouveraient en toute autre position n'ayant pas cet inconvénient, le sol, en collines élevées à pentes douces, sur un fond de tuf, généralement recouvert de 20 à 27 centimètres de terre végétale redoutant la sécheresse, n'offre pas toutes les garanties de productions indispensables à un tel établissement, qui serait mieux approprié comme point de défense ou casernement militaire.

C'est pourtant moins à ces motifs qu'est dû l'insuccès de cette tentative qu'à la composition des concessionnaires, tous soldats libérés du service, qu'aucun lien n'attache les uns aux autres et qui, par l'expiration de leur congé, affranchis de la discipline militaire, ne se soumettent pas volontiers aux exigences du règlement spécial non moins assujettissant qu'on leur a imposé pour cultiver en commun; aussi, n'est-ce qu'à force de mutation qu'on parvient à y en maintenir un petit nombre.

Ce triste résultat guérira-t-il le Gouverneur de la manie de vouloir appliquer presque exclusivement la colonisation militaire à l'Algérie ? Nous le croirions si l'on pouvait nous convaincre qu'il a sérieusement la mission de coloniser; mais, en présence de ce qu'il a fait et voulu faire, nous ne pouvons abandonner nos doutes.

Continuons :

Le Gouverneur disait hautement à Blidah qu'il allait asseoir un village militaire dans la ville dont presque toutes les maisons et les campagnes environnantes appartiennent à des Européens. S'il n'avait renoncé à ce projet il eût fallu arracher les orangeries pour donner des terres à cultiver à proximité aux soldats laboureurs.

Cette ville privilégiée par l'abondance de ses eaux, distribuées de manière à l'entretenir dans un état parfait de propreté et de salubrité, est devenue un cloaque infect sous M. Duvivier; tant que colonel et général, il l'a écrasée de son despotisme. Si son administration se fût prolongée, la masse considérable d'orangers échappés à l'abatis de son plan dévastateur de défense de la cité, eût entièrement péri, faute d'arrosement.

Ses successeurs, moins despotes que lui, n'avaient cependant rien fait pour combattre ces causes destructives qui en 1840 enlevèrent environ un tiers de la population et auraient anéanti jusqu'au dernier oranger, si enfin le lieutenant-colonel Régnault, du 48ᵉ de ligne, n'était venu en juillet 1841 rendre la vie à cette belle contrée, en retirant du ravin de l'Oued-el-Kebir les eaux qui s'y perdaient, pour les ramener à leurs anciens canaux, en déblayant les immondices et *en s'occupant assez sérieusement de colonisation pour bientôt se faire retirer son commandement.*

Quelques mois avant le voyage du Gouverneur à Blidah dont nous venons de parler, il faisait tirer les plans des propriétés avoisinant les camps de Hussein-Bey, Kouba, Berkadem, Dely-Ibrahim, etc., dont les terres ont acquis la valeur de fr. 5 à fr. 1,500 l'hectare pour, au terme de son arrêté du 18 avril 1841 sur lequel nous reviendrons, en doter les garnisons de ces camps : projets, comme celui relatif à Blidah, qui ont jeté la perturbation et le découragement parmi les propriétaires, projets alors combattus dans la presse méridionale par la vindicte publique qui sembla en triompher, mais que peut-être l'immoral arrêté du 9 décembre dernier sur l'expropriation, dont bientôt nous rendrons compte, fera successivement exhumer des cartons, ainsi que cela a déjà eu lieu pour Dely-Ibrahim.

A propos du nouvel an, le Gouverneur disait aux colons composant les corps constitués *ad honores*, qui l'entouraient : « Il faut deux générations pour asseoir la « colonisation en Algérie. »

Serait-ce pour en faciliter le développement que, malgré leurs représentations, l'obstacle continu dans une étendue de circonférence donnée, enferme le plus petit espace possible de terres les moins bonnes et les plus malsaines de la Mitidja, quand 48 kilomètres carrés de plus, du fertile district de Bemmoussah, pouvaient y être compris, sans augmentation de dépense et de surveillance, dans ce que nous appelons cette coûteuse et inutile superfétation en présence de la domination générale ?

Le Gouverneur a jusqu'ici repoussé avec une inconcevable persévérance les éléments certains de colonisation qu'il a sous la main, ne coûtant rien à l'état, pour en créer à grands frais de factices, grevant le trésor et qui ne réussiront pas par les motifs que voici :

Un tiers au moins des 38 mille Européens civils environ peuplant l'Algérie, est composé d'agriculteurs et de propriétaires. Le plus grand nombre de ces derniers, malgré les dégoûts dont on les abreuve, auraient encore les moyens de mettre leurs champs en valeur, s'il y avait sécurité et qu'on les entourât de quelque protection.... Le Gouverneur ne peut l'ignorer, et cependant, au lieu de s'appuyer sur cette masse de travailleurs réels, il n'en tient aucun compte et paraît ne s'en souvenir que pour les alarmer par des mesures menaçant les propriétaires de les dépouiller arbitrairement de leurs biens au moyen d'une illusoire indemnité, pour en doter gratuitement ou des soldats libérés ne tenant à rien, ou des malheureux, écume des cités, naguères attirés de France par des promesses trompeuses, ne pouvant, les uns et les autres, vivre sans les subsides de l'administration..., ne possédant absolument rien, ét, par ces causes, étant impuissants à faire prospérer leur dotation qu'on leur verra bien vite abandonner.

A Blidah, par exemple, pourquoi vouloir installer des colons de cette dernière catégorie, soit militaires ou civils, dans les maisons et sur les campagnes de ceux qui les ont achetées et payées, qui ne demandent qu'à les mettre en valeur, dès que la sécurité et la protection qu'on leur doit, dont on les a jusqu'ici déshérités, leur sera acquise? C'est que sans doute il est plus commode, pour couvrir des fautes ou pour déguiser de mauvaises intentions, de les qualifier d'accapareurs...., de race maudite ne voulant pas cultiver, qu'il faut dépouiller au profit de ceux qui n'ont rien, quoique l'on sache que le plus grand nombre, spécialement sur ce point, ont été indignement trompés sur les contenances par les vendeurs indigènes qui, règle commune, leur ont annoncé et garanti chaque jardin qu'ils ne pouvaient voir, *parce que l'administration s'y opposait*, comme comportant une étendue de 10 à 40 hectares, et qui, aussi, règle commune, ne se sont trouvés être que d'un hectare et souvent moins.

N'aurait-il pas été, ne serait-il pas encore plus rationnel, si on voulait loyalement arriver à la colonisation, d'appeler ces hommes courageux et persévérants qui, depuis 4 à 10 ans, subissent avec résignation toutes sortes d'avanies, ne désespèrent pas de l'avenir du pays auquel ils ont consacré leur existence, pour s'enquérir de ce qu'ils possèdent autour de Blidah, et leur compléter, par concessions domaniales, les 8 ou 10 hectares dont on veut doter gratuitement la classe mercenaire, au profit de laquelle on cherche à les dépouiller?

A cet effet, le Gouverneur disait encore à son entourage, remarquant, à Blidah, vers la fin de mars dernier, qu'il n'y avait presque rien de cultivé, qu'à son retour de la campagne du printemps, il ferait vendre toutes les terres qui ne seraient pas en valeur, comme si les propriétaires, que d'ailleurs on ne prévient pas, pouvaient cultiver sous le yatagan du Kabaïle continuant à exercer son influence jusqu'aux portes de la ville.

Avec les propriétaires favorisés par l'augmentation du terrain qui leur manque, la colonisation, qui ne coûterait rien à l'état, parce qu'il reste généralement assez de moyens pour cultiver, pousserait immédiatement de profondes racines ; avec les mercénaires choisis comme on l'a fait jusqu'ici, elle grèvera le trésor de sommes énormes, pour arriver infailliblement à un résultat négatif, auquel, malheureusement, nous n'avons que trop de raisons de craindre que l'on ne vise.

M. le directeur de l'intérieur, administrateur plein d'un bon vouloir qu'il ne lui est pas souvent donné de pouvoir manifester, nous a officieusement communiqué le plan de 3 villes et 18 villages civils, tous liés les uns aux autres, qu'il propose au gouvernement de créer sur les points inhabités du massif d'Alger et qui, pour l'ouverture des communications et la construction de tous les établissements publics nécessaires, ne coûteraient à l'état qu'environ fr. 3,000,000.

Le discernement qu'il a mis dans le choix de l'emplacement de chacun de ces villages, presque généralement au centre des biens domaniaux, ne nécessitant pour tout que l'expropriation d'environ 4000 hectares de terrains particuliers à peu près tous incultes, fait honneur à sa sagacité, et nous croyons que l'on réussira si, comme cela aurait toujours dû se faire, on n'en concède les terres qu'à de louables cultivateurs, justifiant rigoureusement qu'ils ont les moyens de les mettre en valeur, de vivre jusqu'à la rentrée de la première récolte et de construire leur habitation.

Le succès du premier de ces villages, nommé Draria, dont tous les lots sont distribués, réunissant cette condition essentielle, nous paraît assuré, si quelques insidieuses entraves ne viennent encore s'y opposer.

Les colons remercient M. le comte Guyot de son heureuse inspiration, appelée, si elle a des suites, à donner un grand essor à la petite culture et à ouvrir la voie à la grande dont, pour la province d'Alger, la principale place est marquée dans la Mitidja.

Mais revenons aux actes du général Bugeaud. Quoique nous en ayons déjà assez fait connaître pour justifier, comme nous l'avons promis, qu'il nous mène au but opposé à la colonisation, à cet égard les doutes des plus incrédules cesseront si, avec nous, ils veulent parcourir quelques-uns de ses arrêtés pris d'urgence, exhalant un arbitraire sans frein.

Ayant déjà parlé de celui sur la milice africaine, qui

fait des soldats de tous les citoyens, nous nous bornerons à en énumérer sept :

1º L'avis administratif du 13 avril 1841 sur les réquisitions de transports, dont l'application détruit ou
paralyse l'agriculture;

2º L'arrêté du 18 avril 1841 sur la création des villages
retranchés, stipulant, art. 5 : que les biens des particuliers seront expropriés pour cause d'utilité publique,
sauf règlement ultérieur de l'indemnité;

3º Celui du 14 juin 1841, où le Gouverneur prononce
sans façon, *en prohibant les circonstances atténuantes*,
contre toute personne exclue à toujours ou pour un
temps déterminé, soit du territoire de l'Algérie, soit
de quelqu'un des points occupés, qui se permettrait
d'y rentrer avant l'expiration du temps fixé, sans son
autorisation, un emprisonnement de trois mois à deux
ans, pouvant être porté à quatre ans en cas de récidive;

4º Celui du 17 août 1841, défendant l'exportation
des laines et céréales de la province de Constantine, ce
qui, ruinant les négociants qui en étaient chargés, fait
diriger ces produits sur Tunis, au grand préjudice de
cette province.

5º Celui du 18 septembre 1841, qui défend au commerce l'exportation des bêtes bovines d'un point sur un
autre de l'Algérie, et en réserve le monopole au gouvernement, mesure qui, comme l'avait prédit un article
de la *Gazette du Midi*, journal de Marseille, du 3 octobre suivant, en portant préjudice aux négociants, a eu
pour résultat de faire payer la viande deux à trois francs
le kilo à la population civile d'Alger, où elle vaut encore 2 fr. à 2 fr. 50, malgré la modification apportée à
cet arrêté ;

6º Celui du 9 décembre 1841, sur l'expropriation
pour cause d'utilité publique, où l'abus du pouvoir
s'allie à l'iniquité la plus révoltante. Sentant toute l'im-

portance de vous le faire connaître, Messieurs, j'en forme la note (A); et j'y joins , note (B), la critique qui en a été faite et que j'emprunte au *National de l'Ouest*, journal de Nantes, du 10 février 1842.

A propos de cette funeste conception, le Gouverneur répondait à un de nos bons colons qui la blâmait : « C'est une arme à deux tranchants, j'appliquerai l'incisif aux mutins. »

Peu de jours après, le lieutenant-général de Rumigny disait à un autre colon : « Cet arrêté est la mort de la colonie. »

M. de Rumigny avait mille fois raison..... Qui oserait désormais engager des capitaux dans la colonie , quand on brise le droit de propriété et qu'on détruit , *même rétroactivement,* la garantie hypothécaire?

Ce ne sont point là, Messieurs, de vaines menaces comme, depuis la promulgation de cet acte, pour rassurer les esprits effrayés, l'administration d'Alger s'est efforcée de le faire croire, en répandant dans la population qu'on ne l'appliquerait rigoureusement que pour les terres de la Mitidja, et qu'on traiterait bien ceux qui, partout ailleurs, se prêteraient à son application.

Ce moyen adroit a réussi jusqu'à un certain point chez quelques égoïstes, sacrifiant l'avenir du pays à leur intérêt privé du moment, à étouffer les plaintes et à empêcher qu'aucunes ne vous soient parvenues, Messieurs, avant la discussion des crédits supplémentaires , pour vous faire croire qu'il n'en soulève pas.

Outre que ces bons traitements faits aux complaisants, ont besoin de la sanction ministérielle qui, même à leur égard , pourrait bien en revenir à la stricte lettre de l'arrêté , on a commencé, depuis quelques jours, à l'appliquer sans distinction , dans son injuste rigueur , aux biens de ville et aux campagnes environnant Alger.

Ainsi, le masque est tombé et levé. Nous nons bornerons à trois citations, dont une nous est personnelle :

M. Philippe Picon, propriétaire, acheta, il y a environ 4 mois, après la promulgation de l'arrêté du 9 décembre, une maison, rue Boutin, joignant la Direction des ponts et chaussées. Ne voulant rien avoir à démêler avec l'administration et surtout éviter l'expropriation d'après le nouveau mode, il s'informa, avant de passer le contrat, auprès des employés spéciaux de la direction de l'intérieur, si le gouvernement n'avait pas besoin de cet immeuble ; sur la réponse négative qui lui fut faite, il en devint propriétaire au prix de 6,500 fr. payés comptant, tout compris.

Cependant on vient de l'exproprier, en se basant sur son contrat d'acquêt, pour une rente de 700 fr. qu'on a ainsi, par faveur, augmentée de 5o fr., 6,500 fr. ne représentant que 65o fr. de rente au taux légal.

En vain M. Picon a fait valoir le bon procédé de sa démarche avant d'acheter, auquel peut-être il doit les 5o fr. de rente en plus dont nous venons de parler; en vain il supplia l'administration de lui rendre, au moins en espèces, les 6,500 fr. qu'il avait déboursés : le prix lui a été liquidé, comme nous venons de le dire, par 700 fr. de rente au capital de 7ooo fr., rente que, peu de jours après, il a vendue à un M. Albin pour 3ooo fr. comptant. Ainsi il a perdu bien réellement 3,5oo fr. sur cette affaire.

Toutefois, il est bon d'observer que les prêts hypothécaires étaient descendus à 12 p. o7o l'an, et que c'est à la défiance qu'on a dans la création illégale et dans la garantie restreinte de ces rentes, qu'est due la défaveur exagérée dont M. Picon a subi la conséquence.

M. Luxardo, négociant et propriétaire, possédait, depuis quelques années, un magasin et les 17/28mes d'un autre magasin contigu, à l'angle des rues Boutin et du Divan, dont les 11 autres 28mes appartenant à l'État.

Le tout, moins cette dernière partie, était grevé d'une rente perpétuelle de . . . . F.   210 80

Il payait au domaine, pour loyer annuel des 11/28mes dont nous venons de parler   »   89 01

TOTAL . . . . . . F.   299 81

Il avait déboursé en prix particuliers, coûts d'actes et reconstruction d'un four. . . . . F.   3,884

Ces deux magasins, par bail authentique du 18 janvier 1838, devant Me Lavallée, notaire à Alger, étaient loués pour 9 années au sieur Paul, boulanger, par an. . F. 1,500 00

Apport du total des rentes à défalquer   »   299 81

Il lui restait net un revenu de. . . . . F. 1,200 19

Voici comme on l'a exproprié :

D'abord on l'a affranchi de 299 fr. 81 c. que je viens de défalquer du loyer de. . . . . F. 1,500

Ensuite ses fr. 3,884 de déboursés ont représenté, au taux légal, une rente de. . . . . F.   388 40

Le bon plaisir du conseil, sur le rapport favorable de l'expert de l'administration, a augmenté cette rente de   »   130 40

Ce qui l'a élevée à . . . . »   518 80   ci.   518 80

Et qui, déduite des fr. 1,200 19 c. que, pour être juste, on devait lui payer, le mit en perte de . . . .   »   681 39 de rente.

M. Luxardo, peu sensible *à la générosité* du conseil qui, rigoureusement pouvait ne lui allouer que 388 f. 40 c. de rente, a adressé au ministre de la guerre une protestation contre la spoliation dont il est victime.

Arrivons à la citation qui nous est personnelle :

J'habite l'Algérie, dont je ne me suis pas absenté, Messieurs, depuis le 5 mai 1832. J'y ai, jusqu'à ce moment, acquis pour mes nombreux amis, tous dans l'intention de cultiver ou faire cultiver, en ayant sans exception les moyens, ainsi que je l'ai prouvé, pages 180 et 413 de mon livre cité pag. 33, et une partie pour moi, 241 propriétés presque toutes rurales.

Dans celles m'appartenant, s'en trouve une de l'étendue d'environ 10 hectares, à 600 mètres de la porte reconstruite de la vieille ville, se développant, à partir de la place du nouveau faubourg Babazoun, en montant jusqu'à la grande route, immédiatement au-dessous du fort de l'Empereur, dans une position privilégiée sous les divers rapports de la proximité, de la vue, du bon air, des eaux abondantes y ayant leurs sources, de la pierre et de la terre pour construire, du sous-sol dispensant de fondations, et enfin de la possibilité d'ouvrir une route carrossable de ladite place du faubourg au point de la grande route plus haut indiqué, formant un raccourcis, pour venir en ville, de plus d'un kilomètre, projet, ainsi que celui d'ouvrir 5 autres rues et une place, dont j'avais entretenu MM. le directeur de l'intérieur et l'architecte de la ville, très disposés à y donner suite, parce que j'offrais gratuitement à la ville tous les terrains de ces communications ; déjà j'avais fait reconstruire deux aîles d'un bâtiment en ruine sur l'alignement d'une des cinq rues, reconstructions dont les appartements ne se louent pas moins cher qu'en ville.

Remarquez bien, Messieurs, que tout cela se passait

avant qu'il fût question des nouvelles fortifications agrandissant la cité, et que dès lors ma propriété, qui ne me rendait encore, comme aujourd'hui, que 2,920 f. de revenu, avait en réalité acquis, à la plus basse évaluation possible, réalisable dans un assez court délai, la valeur de cinquante mille francs de rente, en ne comptant l'ensemble des terrains, tous propres à bâtir, qu'à cinquante centimes de rente le mètre carré de superficie, tandis que l'administration en fait vendre journellement aux enchères dans le nouveau quartier où déjà la population est assise, immédiatement au-dessous des miens, de 5 à 12 fr. de rente perpétuelle, aussi le mètre carré.

C'est cet avenir, superbe pour moi et ma famille, promettant de nous enrichir après avoir compensé mes pertes sur tous mes autres biens ruraux jusqu'ici restés improductifs faute de sécurité, que le projet des fortifications, en arrêtant mes constructions, est venu traverser, et que l'arrêté du 9 décembre a pour but de détruire entièrement, si vous souffrez, Messieurs, que la colonie soit anéantie par son application.

Vous trouverez donc, Messieurs, ma protestation, note (C), qu'un déni de justice m'a empêché de faire signifier par un agent ministériel, mais dont M. le directeur de l'intérieur m'a accusé réception, le complément de mes griefs et les motifs qui doivent faire prononcer l'abrogation de cet arrêté, au moyen duquel on veut ruiner tous les colons et s'emparer de mon bien pour l'obole, à prix d'argent qu'il m'a coûté, en 1833, quand les immeubles en général étaient sans valeur, et qu'une réunion de circonstances dont j'ai couru les bonnes et mauvaises chances, est venue lui en donner une considérable, que la coupure des remparts pour la parcelle qu'on me laisse en ville réduit beaucoup, et, en outre, le grand morceau se trouvant en dehors, par la même cause, perd toute la sienne.

Le tracé de ces fortifications faisant un brusque retour d'équerre qui les précipite dans mon profond ravin, quand une ligne droite, de moitié moins de développement, sans quitter la crète des collines, le mettait dans la ville, à qui cela n'aurait pas été moins avantageux qu'à moi, parce qu'elle manque d'emplacements; malgré cet agrandissement, pour les établissements qu'elle aurait besoin de créer, ce tracé, dis-je, me paraît si incompréhensible et a été, ainsi que d'autres abus, l'objet d'une critique si judicieuse, si vraie, si instructive, que je crois dans l'intérêt de la colonie, de vous mettre à même de l'apprécier. Je la reproduis note (D) par extrait d'un long article inséré au *National de l'Ouest* du 5 novembre dernier, journal de Nantes déjà cité. Puissiez-vous, Messieurs, faire apporter quelques améliorations aux maux qu'elle signale, et surtout appeler l'attention du ministre de la guerre sur la partie bizarre du tracé des fortifications d'Alger, dont nous venons de parler !

7° Enfin, Messieurs, l'arrêté du 6 mars 1842 sur les débitants de boissons interdisant au plus grand nombre de recevoir sous-officiers et soldats, et réglementant, sous ce rapport, toute l'Algérie comme un seul camp, sans égards pour la liberté du commerce, pour les nombreuses faillites auxquelles l'expose l'application de cette mesure, manque le but moral qu'on a voulu lui donner, le soldat pouvant ni plus ni moins s'enivrer dans les établissements privilégiés; il est ruineux pour les 7 à 800 familles qu'il réduit à la mendicité, et pour l'immense préjudice qu'il cause aux propriétaires de maisons dont dans Alger seulement il fera fermer plus de 150.

Là, Messieurs, se bornent nos investigations sur l'administration du général Bugeaud, non que la matière manque pour les pousser plus loin dans le même sens. S'il agit d'après ses propres impulsions, il faut plaindre ses erreurs et travailler à nous y soustraire parce qu'elles nous sont funestes; s'il obéit à cette influence occulte à laquelle nous sommes autorisés d'attribuer nos maux, il vous appartient, Messieurs, d'en découvrir la source et de la tarir.

Nuls motifs personnels n'ont souillé notre plume, et les vérités historiques qu'elle a tracées sont la pure expression de nos convictions partagées par la presque unanimité des colons, ainsi que l'atteste en résultat une pétition, note (E), qu'on signe pour vous adresser. Si nous avons réussi à vous les communiquer, Messieurs, nous aurons bien servi la France et l'Algérie, parce que vous aurez compris que douze ans de charlatanisme gouvernemental doivent suffire à l'éducation colonisatrice des deux pays qui, également fatigués de promesses déçues et de protestations démenties par les faits, veulent et ont droit de vouloir, l'un que ses immenses sacrifices ne soient plus perdus, et l'autre qu'ils servent enfin au développement de sa propriété appelée à les enrichir tous deux.

Pour qu'il en soit ainsi, Messieurs, il faut que le gouvernement français cesse enfin de s'accrocher à toutes les absurdités des intrigants ou des utopistes, mises en avant par calcul ou par ignorance, comme il le fait dès qu'il les croit de nature à surprendre ou à entraver l'action de la colonisation.

Quelle âme honnête, en effet, ne sera pas scandalisée, en lisant dans le tableau de la situation des établissements français de l'Algérie en 1840, que le ministre de la guerre vient de publier, page 73:

« Ce que nous appellerions chez nous du nom de con-
« fiscation est réellement pour les indigènes une reprise

« de possession dont l'effet est de mettre fin à la faculté
« de jouissance essentiellement révocable, *la seule que le*
« *prince image de Dieu sur la terre, ait pu et voulu aliéner.*
« Aussi le séquestre n'a-t-il excité aucune plainte » (1).

Est-ce bien au 19ᵉ siècle qu'un ministre de la nation
la plus éclairée du globe, peut sérieusement se rendre
l'écho et chercher à accréditer de semblables jongleries?

Eh quoi! parce que des rêveries intéressées ou fan-
tastiques traverseront quelques cerveaux malfaisants ou
malades qui les exhaleront dans des brochures telles que
celles de MM. Worms, Marion et Duvivier dont, l'ignorance en la matière peut seule égaler la faculté scienti-
fique ou le mauvais vouloir, on les soumettra aux graves
investigations de la commission d'Afrique et on occu-
pera, pendant plusieurs séances peut-être, vos hautes
préoccupations de ces pitoyables questions, dont la faus-
seté est si notoire et qui semblent exhumées d'avant le
déluge....! En vérité, quand on y réfléchit, cela paraît
incroyable!

La propriété ne serait pas constituée en Algérie?

On lit, pages 17 à 19, dans l'excellente brochure que
vient de publier à Alger M. Flour de St.-Genis, inspecteur de l'enregistrement et des domaines, pour réfuter
celle de M. Worms :

« Notre code civil, art. 544 s'exprime ainsi :

« *La propriété est le droit de jouir et de disposer des*
choses de la manière la plus absolue. »

« Les actes de propriété peuvent se diviser en 3 clas-
« ses essentielles :

« Jouissance.

« Exclusion.

« Disposition.

---

(1) Il n'est pas exact de dire que le séquestre n'a excité
aucune plainte ; il est averé, au contraire, qu'il a soulevé un
torrent de récriminations.

« Dans la première, il faut comprendre tous les actes
« ayant pour but de retirer du fonds l'utilité qu'il peut
« produire.

« Dans la seconde, on compte le droit d'interdire aux
« autres l'usage du fonds et celui de le revendiquer con-
« tre tout possesseur.

« Enfin dans la troisième, le droit de transmettre ce
« fonds à une autre personne par les divers moyens usités
« dans le pays.

« Ces idées composent l'idée complexe de la pro-
« priété (1).

« On a toujours désigné comme émanant du droit de
« propriété, les actes suivants : affermer, échanger,
« vendre, donner, hypothéquer, laisser par testament
« ou *ab intestat*.

« Or, en Algérie, quels étaient les droits des habitants
« sur les immeubles urbains ou ruraux ?

« Ils les affermaient ;
« Ils les vendaient ;
« Ils les donnaient ;
« Ils en disposaient par testament ;
« Ils les laissaient avec substitution.

« Des milliers d'actes constatent ces faits ; ils sont
« entre les mains de tout le monde, et l'administration

---

(1) On en trouve la définition dans le mémoire intitulé :
« *De la nécessité de fixer la propriété en Algérie,* » que j'a-
dressai aux chambres, publié en avril 1840, dans mes *cris
de conscience de l'Algérie.* 1 volume.

A Paris,   chez Mlle Voizel, Cabinet de lecture, place de la
            Bourse, 10.
    id.   Jousseau, rue Richelieu, 107.
A Rouen,   Ed. Frère.
A Lyon,   Charles Savi jeune, quai des Célestins, 49.
A Marseille,   Veuve Camoin.
A Toulon,   Monge et Vellamurs ; et Alger chez tous les
            libraires.

« des finances elle-même en conserve, dans les archi-
« ves des domaines, plus de 7 à 8 mille , etc. »

Vient ensuite la citation de trois titres que M. de St.-
Genis a pris au hasard, établissant des faits passés de
1788 à 1792, à Medéah, au pied de l'Atlas, et à Mascara, qui corroborent ce que je viens de rapporter (1).

La brochure de M. Marion, juge au tribunal de Bône,
pâle imitation de celle de M. Worms, dont il a dû être
l'émule lorsqu'ils habitaient tous deux ce point de l'Algérie, a été critiquée dans une lettre de M. le commandant
Pélissier (2), avec une telle supériorité de raisonnement
et de logique, et avec des citations historiques tellement
accablantes qu'il doit être confus d'être entré en lice.

Le général Duvivier, dans sa brochure modestement
intitulée : *Situation de la question de l'Algérie*, a présenté, avec toute la sécheresse mathématique du langage, à travers quelques bonnes choses, des absurdités et
des extravagances de vues et de principes si patentes,
qu'en attendant la réfutation foudroyante qu'on leur pré-

---

(1) Sabateris (leçons de droit).

(2) M. Worms, piqué au vif par les vérités dont cette réfutation accable ses assertions hasardées, a persiflé, dans une lettre assez impolie, autographiée, adressée à l'*Akhbar*, journal
d'Alger, datée de St-Cyr, 31 mars 1842, écrite sur le ton d'un
perroquet qui se fâche, l'honorable et modeste administrateur algérien, qui, lui, n'est pas sorti des convenances du langage, pour avoir dit : *un édoul*, au lieu d'*un adel*, c'est à dire
d'avoir fait un solécisme en employant un singulier et un plu-
riel tout ensemble. Mais est-ce sérieusement qu'il veut nous
prouver, par cette remarque grammaticale, qu'il sait assez d'a-
rabe pour traduire et lire les jurisconsultes orientaux?

Nous engageons l'académie de médecine à demander à M.
Worms une traduction d'Avicenne.

En attendant nous pouvons affirmer , d'après des personnes
compétentes et qui ont connu M. Worms en Afrique, que, quoi

pare, et dont ce ne serait pas ici la place, la raison et le bon sens publics en ont déjà fait justice.

Entrant dans la voie ouverte par M. Worms qu'il se borne à citer, sans prendre la peine d'examiner sa doctrine erronée, M. Duvivier en dresse un tableau, pages 328 et 333 de son livre, et lui donnant l'autorité de chose jugée, il en conclut qu'en Algérie :

1° La terre, depuis la première conquête musulmane est *ouokaf*, (fondation pieuse) ;

2° Qu'elle revient au gouvernement français ;

3° Qu'aucun musulman ne pouvait en vendre une portion, car nul n'y était possesseur d'une portion ; qu'enfin : « aucun achat de terre opéré par les Européens n'a le plus minime titre de validité, » et qu'il faut les déposséder. Au point que M. Worms, effrayé de ces conséquences tirées de son œuvre, n'hésite pas à les désavouer, page 9 de sa brochure.

Les sorties furibondes de M. Duvivier contre les colons ressemblent assez aux rodomontades d'un farouche

---

que *le prétendu érudit* se vante d'avoir compulsé et traduit les commentaires des jurisconsultes arabes, il est dans l'impuissance de le faire, par le défaut d'une connaissance suffisante de la langue arabe. Mais si M. Worms ne sait pas l'arabe (ce qui est bien permis), on nous assure qu'il doit savoir l'allemand, et cela ne nous étonne pas, parce que le jeune *savant* est juif d'origine allemande. On allègue, pour preuve de sa connaissance de la langue allemande, que toute son érudition sur les lois et les usages musulmans, est tirée *intégralement* d'un ouvrage allemand de M. de Hammer, non traduit en français et intitulé : *Constitution de l'Empire ottoman,* 2 vol. in-8., Vienne 1815.

C'est en effet là qu'il paraît avoir exclusivement puisé le fond de sa doctrine ; quant au reste et aux conséquences qu'il en tire, c'est bien à lui, et nous ajoutons que cela ne lui fera pas tout l'honneur qu'il en attend auprès des véritables savants qui méprisent les jongleries et le charlatanisme.

paladin ressuscité du moyen-âge, écrasant ses vassaux de son superbe dédain et, dans l'action, de ses cruautés...! Heureusement que la faculté d'agir manque aux intentions, et qu'il ne reste en général que le côté hideux de les avoir manifestées, toutefois après en avoir tenté l'essai à Bougie et à Blidah.

En vain M. Duvivier, par la troisième note de son livre, pages 302 et suivantes, pour réfuter la citation qu'il fait de la page 137 de l'ouvrage de M. Barthélemy, citation que nous maintenons pour vraie, place sous un jour favorable à ses intérêts les affaires de Bougie sous son administration et ses démêlés avec le jeune, capable et courageux commissaire du roi, relatifs aux négociations de ce dernier avec Oulid-Ourhaba, chef de 18 tribus. M. Lowassy, aujourd'hui sous-préfet à Lavaur, tient en réserve le manuscrit d'un volume que depuis long-temps il a rédigé, que tôt ou tard il publiera, et où, avec une foule de faits historiques et la relation des vexations qu'il a éprouvées, on verra : 1° que la paix dont il avait préparé et posé les bases avait de l'avenir ; 2° tous les efforts de l'esprit militaire qui ont réussi à en détruire le bienfait, et 3° enfin le despotisme du sabre qui réduisait à l'état d'ilotisme la population civile de cette localité réglementée militairement.

Malgré le cadre étroit dans lequel je dois renfermer cette critique, je ne peux passer sous silence la partie du chapitre intitulé : « *Canevas pour l'histoire,* » pages 100 et 101, dans laquelle M. Duvivier me fait l'honneur de me citer (R****) à propos de l'indemnité, d'après lui, réclamée par les propriétaires pour l'emplacement des camps ; de l'achat des foins indigènes par l'administration militaire, et de la création d'un théâtre largement rétribué à Alger : faits qu'il a rassemblés de mon ouvrage, pour en conclure que je ne pouvais dire au gouvernement d'une manière plus complète . « Donnez-nous beaucoup d'argent et donnez-nous spectacle gratis. »

Les personnes qui verront, pages 10 à 14, 224, 225, 232 et 385 à 390 de mon ouvrage cité f° 8, comme j'ai traité ces faits, s'étonneront de la légèreté de sa critique et lui renverront le ridicule de son persifflage.

Il n'est pas venu à ma connaissance et je douterai, jusqu'à citation de M. Duvivier, qu'aucun colon ait demandé au gouvernement le paiement de l'emplacement des camps qu'il a créés dans la Mitidja sur des domaines ne lui appartenant pas ; quoique cette demande eût été de droit naturel, j'affirme, pour ce qui me concerne, n'avoir rien réclamé, quoique ceux de Blidah (supérieur), Kara-Moustapha et Méalma aient en tout ou partie été assis sur des biens que j'administre; ce qui n'a pas empêché M. Duvivier quand, comme colonel, il commandait les camps de l'ouest, de m'entretenir, ainsi qu'il en était des autres, dans l'impuissance de tirer aucun produit de ces biens, et de faire faire , ou du moins de sanctionner le rapport au maréchal Valée sur lequel ce gouverneur s'appuya pour refuser l'autorisation que ma lettre du 24 juin 1839 lui avait demandée, de monter dans le camp supérieur de Blidah , *dont le sol m'appartenait*, deux meules de foin, que j'avais fait récolter sur cette terre, *dont l'administration militaire n'avait pas voulu m'acheter un quintal*, qui par ces causes furent incendiées le 29 janvier 1840, et m'occasionnèrent une perte de 8,350 fr., sur laquelle j'ai reçu une indemnité de 500 fr.

Ces faits sont détaillés aux pages 11 à 14 de mon livre cité pag. 33, où l'on verra qu'en 1836, j'avais été autorisé à monter une meule de 1,400 quintaux dans le camp de Douera *dont je n'étais pas propriétaire de l'emplace-*

ment. Il est vrai que ce n'était pas M. Duvivier qui commandait.

Tous les récits d'imagination ou erronés, tous les faits peu bienveillants pour les colons, assez généralement inexacts ou controuvés, dont M. Duvivier a garni son *Canevas pour l'histoire*, avaient, en grande partie leur réfutation écrite d'avance dans mon livre cité pag. 33 ; mais ce n'est pas ici le lieu d'en faire le rapprochement.

M. Duvivier, comme on l'a vu plus haut, ne protège pas les producteurs de foin, et selon toute apparence, il ne les verrait pas d'un bon œil satisfaire exclusivement, sous ce rapport, aux besoins de l'armée. Serait-ce parce que ces foins reviendraient au trésor, à cause de l'économie des transports intérieurs, à moitié moins chers que ceux exotiques ; ou parce que la colonisation, qu'il n'a jamais protégée, y trouverait un aliment infaillible de succès ? On pourrait le croire, mais nous ne lui ferons pas cette offense et nous nous bornerons à appuyer la bonté de la mesure d'une opinion qui ne sera pas suspecte :

M. le maréchal Clauzel nous faisait l'honneur de nous écrire le 15 février dernier :

« . . . . . . La colonisation peut se faire par la colonie , *le ministère le voulant*, et sans dépenses pour l'administration qui n'a qu'à nous acheter nos fourrages, moyennant obligation par nous de labourer, ensemencer, etc; mais c'est trop simple et trop économique pour qu'il en vienne là. »

J'avais précédemment développé cette pensée, pages déjà citées 224 et 225, de mon livre.

Pour en finir avec le général Duvivier, dont nous devons combattre les funestes maximes avec une persévérance proportionnée à l'influence que leur donnent son grade élevé, ses onze ans passés en Afrique, et la réputation qu'il s'est acquise ou qu'on lui a faite, nous vous engageons, Messieurs, à suivre cet empirique à l'œuvre dans un feuilleton intitulé : « *Une promenade à Blidah,* » publié dans divers journaux et notamment dans les numéros 1,050 et 1,051 des 19 et 21 septembre 1841, du *Toulonnais*, journal du Var.

Là, accroupi sur une natte, entouré de jeunes musulmans l'initiant à la vie et aux mœurs arabes dont il s'est fait l'apologiste, vous le verrez rarement accessible aux Européens, les traiter comme des parias, leur accorder 24 heures pour vider et enlever le village du camp supérieur, les parquer, sans abri, dans la partie inférieure de la ville; détruire les magnifiques orangeries dans l'intérêt d'un système *tout de défense;* ne rien entreprendre contre nos ennemis, arrêter tout mouvement de progrès colonial et faire de l'absolutisme et du despotisme dans toute l'étendue d'un arbitraire sans limites; alors, Messieurs, en parfaite connaissance de cause, vous jugerez la valeur des moyens de colonisation qu'à l'aide du knout et du gibet, il voudrait que l'on appliquât à l'Algérie.

Si ce n'est pas à son instigation, Messieurs, ce doit être aux inspirations empruntées à son livre, qu'en réponse au sublime discours de M. Gustave de Beaumont sur l'Algérie, dans la dernière discussion des crédits supplémentaires, est dû l'insolent et diffamant article publié dans le journal *le Globe* du 6 courant, contre les colons qui vont faire décider par les tribunaux s'il est permis de calomnier avec autant d'impudence et surtout impunément une population toute entière.

C'est ici le cas de le déplorer, Messieurs; l'Afrique française, baillonnée, est en butte aux attaques ouvertes comme à celles insidieuses de tous les journaux, voire même de la feuille d'annonces d'Alger, déshéritée de l'appui qu'elle a longtemps trouvé dans un petit journal du Var, *le Toulonnais*, qui, par cette cause, s'était popularisé en Algérie, et qui de tous, aujourd'hui, en faussant l'opinion, est celui qui fait le plus de mal (1); généralement abandonnée par la presse parisienne, qui ouvre volontiers ses colonnes aux hommes passionnés contre cette terre d'avenir, sans admettre de réponse... *Le National* même, ce journal du peuple, qui par principes devait être son plus ferme appui, l'accable déloyalement de sophismes et de faits controuvés visant à sa destruction, sans accueillir sa légitime défense (2). C'est que, voyez-vous, Messieurs, le peuple d'Alger lutte contre tout un peuple d'administrateurs et de titrés qui vit des abus dont le premier est victime; il étouffe sa voix assez virile cependant pour être entendue.

Ce peuple européen d'Alger que, dans un but assez compris, on déchire de tant de façons, qu'on s'efforce, pour l'accabler, de vous présenter comme type de l'immoralité, vous supplie par notre voix, Messieurs, de consulter la statistique judiciaire, publiée par le ministre de la guerre. Là, vous verrez que, dans aucun département français, on ne commet moins de crimes, et il ne se déclare moins de faillites que dans la colonie. Les procès trop renouvelés sont dus en grande partie à l'unité du juge forcé de les expédier trop vite, sans souvent pouvoir assez les approfondir; ce qui donne des chances à la mauvaise foi, et sans les vexations de la police les actions correctionnelles seraient moins nombreuses.

Un ordre parfait règne dans les cités, que, désormais,

---

(1) La *Gazette du Midi* de Marseille, et *le National de l'Ouest* de Nantes, journaux indépendants, l'ont remplacé ; mais ils sont peu répandus en Afrique.

(2) Voir la *Gazette du Midi* du 20 et *le National de l'Ouest* du 24 mars 1842.

on parcourt à toute heure de nuit avec plus de sécurité qu'on ne le ferait à Paris. A peine quelques condamnations à mort, toutes, sauf une, contre des indigènes ont été prononcées depuis 1830, et en 1841 sept faillites ont été déclarées à Alger, dont une seule importante a présenté un passif de fr. 350,000.

Voilà des faits évidents pour tout homme de bonne foi, et nos détracteurs, s'ils en avaient, seraient forcés de convenir qu'il n'est aucun vice dont l'intensité ne soit proportionnellement plus grande dans la capitale de la métropole que dans celle de la colonie.

Un honorable colon, M. Milhot de Vernoux, vient d'adresser, par la voie de la *Gazette du Midi* et du *National de l'Ouest*, un mémoire à consulter à tout le barreau français. Avec l'autorisation de l'auteur, Messieurs, nous vous en remettons (F) une ampliation comme complément du triste tableau que nous vous avons tracé de nos misères.

Les faire cesser serait chose facile, il ne faudrait pour cela que du bon vouloir de la part du gouvernement : qu'il renonce une bonne fois à se préocuper de ce qu'il appelle les spéculateurs accapareurs de terres dont, pages 255 à 265 de mon livre déjà cité, j'ai prouvé que l'existence était imaginaire, véritables boucs émissaires fort commodément inventés; qu'il renonce à sa manie, ruineuse pour le trésor et nuisible au progrès qu'elle entravera au lieu de l'aider, d'intervenir dans la colonisation, autrement que pour l'ouverture des communications et les créations d'établissements et travaux publics, urbains et ruraux; qu'il s'occupe activement du dessèchement des marais pour arriver à l'assainissement; qu'il travaille sans arrière-pensée à nous donner la sécurité; qu'il affranchisse la propriété de toutes ses entraves; qu'il nous donne enfin les autres garanties dont nous parlerons plus bas; et qu'ensuite il laisse agir cet esprit spéculatif contre lequel ses adeptes se déchaînent avec tant d'acharnement, et bientôt la prospérité agricole n'aura rien à envier à celle industrielle, que le même esprit, par de magnifiques et utiles constructions, a poussée, dans tous les centres de population, à un si haut degré.

Pénétrez-vous bien, Messieurs, qu'en approuvant, avec quelques modifications les propositions faites par MM. de Vialar, de Saint-Guilhem et Hémart, dans leur plan de colonisation, à la commission d'Afrique, *à l'effet de faciliter l'établissement de villages dans la Mitidja et sur le versant nord du petit Atlas*, les colons d'Alger ont accepté la position qui leur était faite et qu'il n'auraient pas choisie, celle du libre arbitre leur paraissant de beaucoup préférable et ayant, dans leur conviction, des chances de réussite plus certaines et plus promptes.

Nous vous avons sommairement signalé la marche équivoque, hélas! trop réelle du gouvernement depuis bientôt 12 ans dans les affaires d'Afrique, sans en pouvoir expliquer la cause que nous sommes forcés d'imputer à l'influence jalouse et rivale de l'Angleterre, par suite d'engagements secrets, contre lesquels, s'ils existent, l'honneur national proteste; nous vous avons dévoilé les abus révoltants et innombrables qui en sont nés. Il ne nous reste plus, Messieurs, qu'à compléter la demande des principales améliorations qui doivent les faire cesser, et permettre enfin aux colons de prouver au monde que la colonisation de l'ancienne régence pouvait beaucoup plus tôt être une vérité glorieuse pour la France:

1° Nous plaçons en première ligne la pacification complète que la guerre continuée avec la vigueur jusqu'ici déployée par le général Bugeaud ne peut tarder à procurer, si l'emploi d'une bonne politique envers les Arabes, telle que nous l'avons définie pages 97 à 108 de notre ouvrage, déjà cité, la soutient; et que la colonisation, plantant immédiatement son drapeau sur la portion du terrain conquis où devra s'exercer notre action administrative, l'appuie de ses ressources en échange de la protection qu'elle en recevra.

Sans l'emploi spontané de ces indispensables auxiliaires, il faut bien vous en convaincre, Messieurs, la guerre, tant heureuse que nous puissions la faire, ne produira que la guerre.... Ceux qui vous tiennent un autre langage et prétendent qu'on doit la finir pour commencer la colonisation, se trompent gravement, ou ne sont pas de bonne foi; la guerre heureuse ouvre la voie à la prise de possession, que peut seule consacrer la population s'attachant au sol pour le fertiliser. Sans cette population stable, seule capable d'arrêter l'ardeur belliqueuse des Arabes, leurs hostilités, l'expérience nous l'a prouvé du reste, continueront à suivre nos phalanges dès qu'elles se replieront et, comme nous l'avons fait jusqu'ici, nous n'aurons obtenu que des résultats négatifs;

2° Un manifeste prononçant la déchéance d'Abd-el-Kader de souverain des Arabes, les déliant de leurs serments envers lui, et le plaçant hors la loi, comme ayant violé ses engagements pris envers nous par le traité de la Tafna.

Cette mesure, appuyée d'une déclaration que la France ne reconnaîtra plus d'autre drapeau que le sien en Algérie, serait, chez les indigènes, un utile prétexte pour détacher de sa cause ceux, en assez grand nombre, que notre défaut de protection y a réunis par nécessité;

3° Malgré la netteté des expressions de la couronne à l'ouverture de cette session, sur notre possession à toujours de l'Algérie, une loi la réunissant purement et simplement à la France pour, d'un côté, convaincre les Arabes que nous ne voulons plus quitter le pays que l'astuce de leurs chefs nous présente toujours comme prêts à abandonner; et de l'autre, faire cesser les incertitudes des capitalistes européens à qui cette garantie est nécessaire;

4° Nous faire rentrer dans le droit commun qui existe dans toute la France, en abrogeant immédiatement toute la législature exceptionnelle spéciale à l'Algérie, qui comprime nos mouvements, tue le progrès et tarit toute source de prospérité;

5° L'unité de pouvoir telle que nous l'avons aujourd'hui, mais s'exerçant d'après les lois par un gouverneur civil, ou par un militaire revêtu des attributions civiles, la position personnelle ne faisant rien à la chose si le choix est bon, ayant l'armée sous ses ordres commandée par des officiers-généraux dont les noms et le bon vouloir éprouvé soient une garantie pour l'avenir colonial du pays, tels que les Rapatel, Schramm, de Lamoricière, Changarnier et quelques autres, comptant, comme ceux-là, de bons services en Afrique;

6° Une loi abolissant les substitutions, affranchissant la propriété de toutes ses entraves et autorisant le remboursement des rentes au taux légal en Algérie.

7° Une allocation suffisante pour opérer sans délai le desséchement des marais dont nous vous avons signalé la destructive et ruineuse influence.

Si nous ne devions pas jouir immédiatement du bienfait de toutes les améliorations que nous venons de récapituler, subsidiairement, Messieurs, nous invoquons votre appui pour obtenir :

8° Une mesure législative proclamant l'Algérie colonie française, mesure qui sur les indigènes aurait la même influence que la réunion à la France comme départements;

9° Un conseil colonial électif sur les bases de ceux institués pour les autres colonies françaises, par la loi du 24 avril 1833, avec les modifications, pour l'assiette des cens électoral et d'éligibilité que rend indispensable l'absence d'impôt, auquel il est sous ce rapport, facile de suppléer, jusqu'à ce qu'il soit opportun de le créer, par la valeur des biens portée aux contrats authentiques et par celle estimative des constructions.

Le mandataire de quelques colons, Me Urtis, *avocat de l'administration d'Alger*, dans un opuscule qu'il vient de publier à Paris et au sein de la commission d'Afrique dont il a été entendu, en demandant que les membres de ce Conseil et surtout ses délégués à Paris fussent choisis par le pouvoir, a émis une opinion complètement isolée et toute d'absolutisme administratif.

Si les conseils sanitaires, les chambres de commerce, créés en 1831, les tribunaux de commerce et les conseils municipaux, institués en 1834, par les services qu'ils ont rendus au pays, ce dernier corps, quoique choisi par le pouvoir, tant qu'on ne l'a pas annihilé, n'étaient pas là pour attester la capacité intellectuelle et sociale de la population de l'Algérie, nous vous prierions, Messieurs, de consulter dans les deux almanachs qui ont été imprimés pour 1842 à Alger et à Paris, de MM. Lafontaine et   (1) les listes des principaux propriétaires, s'élevant, dans le premier, pour Alger seulement à 283; des négociants et commerçants, des officiers ministériels, avocats et des sociétés dites coloniale et agricole. Ces divers éléments ne manqueraient pas de vous convaincre que nous avons le discernement nécessaire pour élire les soutiens de nos droits, et que nous sommes dignes de jouir de cette faveur;

---

(1) **Victor Magin**, libraire, quai des Augustins, à **Paris**.

10° Une organisation judiciaire plus en harmonie avec nos besoins et avec les principes de la justice que celle sous laquelle nous gémissons, dont la magistrature d'Alger, généralement honorable, sous la présidence du justement regretté M. Filhon et de son digne successeur, a déploré souvent de faire l'application; et la suppression immédiate de ce fatras d'arrêtés *pris d'urgence* par chaque gouverneur pour satisfaire aux besoins légaux ou illégaux du moment, *sans qu'on ait encore songé à en rendre un seul définitif*, avec lesquels, cependant, on nous mitraille illégalement, par cette cause, depuis 10 ans, et notamment des huit que nous avons signalés, en tête desquels marche subversivement celui du 9 décembre 1841 sur l'expropriation pour cause d'utilité publique (A), fruit de l'aveuglement ou de la perfidie qui seul, s'il était maintenu, suffirait pour rendre impossible toute tentative de colonisation.

M. L. M. de Ponton d'Amécourt, substitut du procureur général près la cour royale de Nancy, ancien magistrat à Alger, dans un mémoire lucide écrit sagement et dans d'excellents principes (1), a signalé par une critique, aussi judicieuse qu'impartiale, les défauts et les vices de l'ordonnance *organique de la justice en Algérie du 10 août 1834, modifiée par celle du 28 février 1841 qui en conserve à peu près toutes les imperfections;* et a présenté un projet d'organisation judiciaire que, pour le régime colonial, nous approuverions dans toutes ses parties, si l'on y faisait les modifications suivantes :

Nous voudrions :

L'élection pour les juges consulaires. (Art. 24);

Le droit d'injonction et de censure dans des cas définis par la cour royale au procureur général. (Art. 54);

______

(1) Quelques mots sur l'état de la justice en Algérie depuis 1834. — Imprimerie de A. Paullet, à Nancy. — 1842.

Que la loi française seule fût appliquée dans les contestations entre Français ou étrangers et indigènes. (4e § de l'art. 78);

Que le Français ou Européen, étranger à l'armée, justiciable d'un conseil de guerre, puisse user du pouvoir en cassation sans aucune restriction. (3° § de l'art. 84);

Que le 3° § de l'art. 110 n'invalidât pas l'estimation par experts devant le conseil d'administration jugeant administrativement, et que l'appel de toutes ses décisions au conseil d'état fût réservé;

Enfin l'indépendance des avocats.

M. de Ponton d'Amécourt, magistrat capable et intègre, qu'Alger verrait avec plaisir reprendre le siége qu'il a dignement occupé pendant sept ans, termine son œuvre par des observations aussi logiques que justes, à M. le duc Decazes, président de la commission d'Afrique, sur la nécessité « de l'aliénation des biens habous et du rachat des rentes perpétuelles. » Nous vous exhortons, Messieurs, à en prendre connaissance dans l'intérêt de la justice et dans celui de l'affranchissement de la propriété, auxquels, adoptant les vues de l'auteur, vous accorderez infailliblement votre appui.

Là, Messieurs, devait se terminer notre travail. L'ami, dont nous avons précédemment parlé, qui fait la critique raisonnée du livre de M. Duvivier, ne pouvant comprimer l'indignation que les intentions et les mauvaises maximes dont il est rempli soulèvent en lui, s'exhale dans une note qu'il vient de nous remettre et, qu'à son invitation, nous joignons ci-après (G), parce qu'elle corrobore nos convictions sur le résultat nuisible aux deux pays de publications aussi passionnées que l'est celle de ce général.

Nous croyons avoir été juste envers tout le monde;

ce n'est point aux hommes, c'est aux mauvais principes, c'est à la loi du sabre, surtout, que nous avons fait la guerre. Que le général Bugeaud, habitué à s'en servir pour trancher indisctinctement toutes les difficultés, trouve, auprès du trône, le prix de ses services guerriers, nous y applaudirons ; mais qu'il renonce à coloniser l'Algérie avec de tels moyens, il n'y réussirait jamais. . . Ce n'est qu'à l'ombre d'institutions libérales que sa richesse agricole peut se développer.

Partout, a dit l'honorable M. Gustave de Beaumont dans son discours déjà cité, où, sur une terre étrangère, le drapeau anglais est implanté, il est immédiatement soutenu par les lois et la vieille constitution britannique ; et chacun y trouvant les garanties dont il a besoin, vient grossir le noyau et concourir à transformer promptement une place naguère déserte et improductive en une contrée peuplée et fertile.

Il en sera de même et plus vite de l'Afrique française, possédant déjà un grand nombre d'éléments de production, soyez-en convaincus, Messieurs, dès que, sous un gouverneur civil, la charte et les lois françaises protègeront les colons.

Si l'énergie, la vivacité de nos expressions avaient, à notre insu, débordé les limites du langage parlementaire, nous le regretterions ; il faudrait l'attribuer à la longue compression de nos souffrances et n'en point accuser nos intentions, toujours dirigées vers la pensée de faire briller la vérité aux regards de votre conscience.

Dans la confiance d'y avoir réussi, si vos efforts réunis à ceux de l'autre chambre, Messieurs, n'engageaient pas franchement le pouvoir exécutif dans la route que nous avons tracée, c'est, bien évidemment, qu'on voudrait continuer à dépenser sans produire et, par cette cause, vous amener, de guerre lasse, un peu plus tôt, un peu plus tard, à demander l'abandon de l'Algérie qu'ainsi, dans l'ombre, on aurait lâchement sacrifiée aux insolentes exigences de l'étranger.

Alger, le 30 avril 1842.

ROZEY.

----—◆—----

Post-Scriptum.

----—◆—----

Alger, 5 Mai 1842.

L'administration militaire a fait afficher le 1er courant un avis du 29 avril, prévenant les colons qu'elle paierait cette année les foins indigènes de la province d'Alger, le quintal métrique, rendus dans les magasins de l'état, *à ceux qui soumissionneraient d'ici au 15 courant,* durant chacune des périodes suivantes, savoir :

	Du 1er Juin au 15 Juillet.		Du 15 Juillet au 15 Sept. 1842.	
A Alger........................ F.	9	»	10	»
A Hussein-Bey, Berkadem, Dely-Ibraim	8	50	9	50
A la Maison-Carrée.................	7	50	8	50
A Douera, Maelma, Coleah, Bouffariek.	9	»	10	»
A Blida..........................	8	50	9	50

Les petits colons ne pouvant en fournir 150 quintaux subiront partout une réduction de 50 c. par quintal.

En supposant que les qualités à recevoir soient égales dans les dix endroits indiqués pour les réceptions, en prenant pour base les prix fixés pour la dernière période, celle où le foin est supposé être arrivé à son état normal de sécheresse, nous aurons la commune de fr. 9 55.

Les producteurs péniblement affectés de l'inflisance de cette offre, qui, dans son ensemble, les mettrait en perte, à cause des prix excessifs de la main - d'œuvre et de la cherté et des difficultés des transports, sans parler du préjudice redouté aux livraisons, bien moins fréquent aujourd'hui qu'autrefois, et des dangers pour leur for-tune et leur existence, exposées au feu et au fer des Arabes, se sont réunis avant-hier et, au nombre de trente, ont signé une supplique à M. Directeur de l'intérieur, qu'ils lui ont spontanément portée, de vouloir bien les présenter à M. l'Intendant militaire.

M. le comte Guyot s'est aussitôt mis à leur tête et ils se sont rendus à l'intendance.

L'honorable M. Appert, administrateur aussi probe qu'éclairé, a répondu à leurs doléances qu'il en sentait toute la justice et qu'il serait heureux d'y pouvoir faire droit; mais que cela ne dépendrait pas de lui; que, dans l'intérêt de l'approvisionnement, il aurait désiré un tarif plus élevé, qu'il l'avait même proposé; mais que M. le gouverneur–général, se reportant au peu de valeur des fourrages dans le Périgord, *avait prescrit celui qui a été publié*, que lui seul y pouvait apporter des changements, qu'il les engageait à lui formuler leurs réclamations par écrit, qu'il les appuierait et les lui ferait parvenir dans la province d'Oran, où il se trouve, et qu'il ne tiendrait pas à lui que prompte satisfaction n'y soit donnée.

Bientôt après ils lui ont porté une demande motivée de fr. 11 à fr. 12 le quintal métrique, selon les localités. Admettons la moyenne de fr. 11 50 c.

Nous nous croyons bien informés en avançant que l'administration a besoin d'acheter, pour 1842, 220,000 quintaux métriques de foin, savoir : 90,000 pour la pro-vince d'Alger et Titérie, 60,000 pour celles de Bône et Constantine, et 70,000 pour celles d'Oran et Tlemcen.

Supposons maintenant que pour les prix les autres provinces soient traitées comme celle d'Alger.

Si le gouvernement acquiesce à la demande des colons et qu'il protège efficacement leurs travaux, ce à quoi il paraît peu disposé, quoique cela lui soit facile, l'appât du gain les fera mettre ardemment à l'œuvre, et les plaines de la Mitidja, Bône et quelques autres points sa-tisferont grandement à tous les besoins de son approvi-sionnement, or :

220,000 quintaux métriques à 11 f. c. 50 c.

     lui donneront à payer............ F. 2,530,000

qui, répartis entre les travailleurs, voituriers et producteurs, seront un puissant véhicule pour la colonisation agricole qui y prend force et vie.

Si, au contraire, le gouvernement maintient son tarif actuel ou n'y apporte pas des changements favorables assez déterminants, les imprudents qui ne se rendent compte de rien travailleront seuls, et bien certainement leurs efforts réunis ne produiront pas sur tous les points une fourniture de plus de

40,000 quintaux métriques que , comme nous l'avons expliqué plus haut, on leur paiera ensemble à 9 55......... 382,000

L'Italie , la Belgique et la France , pour la moindre partie, suppléeront au reste.

En 1841 , la maison Calmès , de Marseille , pour elle et d'autres intéressés , prit une fourniture de 150,000 quintaux de foin exotique dont elle termine en ce moment les livraisons, au prix de fr. 13 50 c. ; égarée dans ses calculs, il est de notoriété qu'elle perd sur cette opération environ fr. 600,000. Admettons 560,000, soit fr. 3 50 c. par quintal, et nous verrons qu'en soumissionnant à fr. 17, elle n'aurait fait que le pair.

Notre prévision sera rationnelle en supposant que cette année on ne trouvera pas de soumissionnaire au-dessous de fr. 18. Ajoutons à ce prix celui des transports de chacun des ports de mer d'arrivages aux divers points de destinations de l'intérieur, que nous sommes fort modérés en n'évaluant qu'à fr. 7 le quintal, l'un compensant l'autre, et nous aurons le chiffre bien réel de fr. 25 , or :

180,000 quintaux métriques de foin exotique à raison de fr. 25.................... 4,500,000

220,000 quintaux métriques en tout qui coûteront à l'état..................... 4,882,000

dont seulement fr. 382,000 resteront en Afrique comme pour prolonger l'agonie de la colonisation agricole.

qu'ainsi l'on tuera à coups d'épingles, et en outre le trésor aura déboursé en plus qu'il ne l'aurait fait en ne payant que des foins indigènes , fr. 2,352,000.

Nous appelons l'attention de M. le Gouverneur sur ces faits qu'il ne devrait pas ignorer ; s'il ne se rend pas à leur évidence, c'est, comme nous en avons déjà tant manifesté la crainte, que sa mission est de consommer le plus possible sans produire ; dans l'hypothèse favorable, il est bien à craindre, vu la saison avancée, que sa détermination n'arrive trop tard.

NOTES.

NOTE A.

ARRÊTÉ SUR L'EXPROPRIATION POUR CAUSE D'UTILITÉ PUBLIQUE.

Nous, lieutenant-général, gouverneur-général de l'Algérie,

Vu les arrêtés du 26 octobre 1830, 17 octobre 1833, 2 avril 1834, et la décision du 4 novembre 1835.

Vu l'art. 5 de l'ordonnance du 22 juillet 1834 ;

Sur les rapports des directeurs de l'intérieur et des finances

Attendu l'urgence,

Le conseil d'administration entendu,

Avons arrêté et arrêtons ce qui suit :

TITRE Ier. — *De l'expropriation.*

SECTION Ire. — *Formes de l'expropriation.*

Art. 1er. Il y a lieu à expropriation toutes les fois que l'utilité publique commande l'occupation définitive ou temporaire de tout ou partie d'une ou plusieurs propriétés particulières.

Art. 2. L'utilité publique est déclarée et l'expropriation prononcée par un arrêté du gouverneur-général rendu en conseil d'administration. Cet arrêté exprime si l'occupation doit être temporaire ou définitive. Il n'est susceptible d'aucun recours.

Art. 3. Le conseil d'administration, avant de donner son avis, peut appeler devant lui les propriétaires qu'il s'agit d'exproprier et toutes autres parties intéressées, pour entendre leurs observations ou réclamations.

Art. 4. L'arrêté portant expropriation indique, s'il y a lieu, l'époque à laquelle l'administration doit prendre possession.

La prise de possession peut être immédiate ; en ce dernier cas, l'état et la circonstance de l'immeuble sont constatés conformément à l'art. 47.

Extrait de cet arrêté indicatif des immeubles soumis à l'expropriation, de leur nature et situation , et de leurs propriétaires, est inséré, sans délai, dans le *Moniteur Algérien*, et affiché au chef-lieu de la province dans l'étendue de laquelle les immeubles sont situés.

Pareil extrait est notifié aux propriétaires ou à leurs représentants légaux.

SECTION 2ᵉ — *Des suites de l'expropriation quant aux priviléges, hypothèques et autres droits réels.*

Art. 5. L'arrêté du gouverneur est exécutoire du jour où il a été notifié conformément à l'art. précédent.

Dans le cas d'occupation définitive, cet arrêté est immédiatement après la notification , transcrit sans frais au bureau de la conservation des hypothèques, conformément à l'art. 2,181 du code civil.

Art. 6. Dans la quinzaine de la transcription , les priviléges et les hypothèques conventionnelles judiciaires ou légales, antérieurs à la publication de l'arrêté , seront inscrits.

A l'expiration de ce délai, l'immeuble exproprié demeurera libre de tous priviléges et de toutes hypothèques, non encore inscrits, de quelque nature qu'ils soient, sans préjudice du recours contre les maris , tuteurs ou autres administrateurs qui auraient dû requérir les inscriptions et des droits des femmes , mineurs et interdits ou de l'état , sur le montant de l'indemnité , tant qu'elle n'a pas été payée ou que l'ordre n'a pas été réglé définitivement entre les créanciers.

Art. 7. Les actions en résolution, en revendication et toutes autres actions réelles ne pourront arrêter l'expropriation ni en empêcher l'effet. Le droit des réclamants sera transporté sur le prix pour être exercé comme celui des créanciers de tout ordre , et l'immeuble en sera affranchi. L'indemnité une fois payée, en exécution des dispositions ci-après, nul recours ne sera admis contre l'administration.

TITRE II. — *Règlement , attribution et paiement de l'indemnité.*

Art. 8. Le propriétaire qui veut faire valoir ses droits à l'indemnité , est tenu de produire ses titres de propriété. Ces titres sont, dans tous les cas, communiqués au directeur des finances, qui fait procéder à leur examen, et prend ou provoque telles mesures qu'il juge convenables pour la conservation des intérêts du domaine.

L'expression, dans les titres produits, des origines, consistance et contenance, ne dispense point le réclamant de justifier du droit de ses auteurs, ainsi que des limites entre les fonds expropriés et les autres propriétés contiguës appartenant soit au domaine soit aux particuliers.

Art. 9. L'indemnité pour occupation définitive est réglée par le conseil d'administration, après une expertise contradictoire.

A cet effet, et dans la notification de l'arrêté d'expropriation prescrite par l'art. 4, l'administration fait connaître le choix qu'elle a fait d'un expert au propriétaire ou à son représentant légal, qui, dans les dix jours de cette notification, est tenu de faire connaître à l'administration l'expert qu'il a lui-même choisi.

Si, dans le délai ci-dessus, le propriétaire ou son représentant légal, n'a pas désigné son expert, celui de l'administration opère seul; s'il l'a désigné, l'expertise a lieu contradictoirement. Lorsque les deux experts ne s'accordent pas, l'avis de chacun d'eux est consigné dans le procès-verbal.

L'expertise doit être terminée et le procès-verbal remis à l'administration dans les quarante jours, à partir de la notification par elle faite de l'arrêté d'expropriation et du choix de son expert.

Art. 10. Les experts prennent pour base de leur estimation le prix porté dans le dernier acte d'acquisition augmenté des frais et loyaux coûts. La valeur estimative est accrue des intérêts échus depuis la prise de possession effective ou depuis le délaissement que le propriétaire a toujours le droit d'effectuer, après la notification à lui faite, en exécution de l'art. 4.

Art. 11. Il est tenu compte au propriétaire des améliorations par lui faites à l'immeuble depuis son acquisition. Toutefois, ces améliorations ne sont point comprises dans l'évaluation de l'indemnité: 1° Lorsque, par l'appréciation des circonstances, le conseil acquiert la conviction que le propriétaire, en les faisant, a eu en vue d'obtenir une indemnité plus élevée; 2° Lorsqu'elles n'auront point accru la valeur vénale ou le revenu annuel.

Art. 12. Les fermiers ou locataires des biens expropriés n'ont d'action que contre le propriétaire, qui a la faculté de faire valoir ses risques à raison de cette action pour la fixation de l'indemnité.

Le dédommagement qui pourrait être réclamé par les locataires ou fermiers ne s'appliquera qu'aux pertes matérielles éprouvées, jamais aux bénéfices dont ils prétendraient avoir été privés, ni à la valeur des fonds ou achalandages.

L'indemnité liquidée au nom du propriétaire comprendra, quand il y aura lieu, en chiffres distincts, la valeur propre de l'immeuble et le dédommagement autorisé par le présent article. Le propriétaire n'est obligé envers ses fermiers et locataires que jusqu'à concurrence des sommes ou valeurs qui lui sont allouées pour pertes matérielles éprouvées par ces derniers.

Art. 13. Si l'exécution des travaux doit procurer une augmentation de valeur immédiate et spéciale au restant de la propriété ou à une propriété contiguë et appartenant au même propriétaire, cette augmentation est évaluée et portée en déduction du chiffre de l'indemnité.

Art. 14. A l'expiration du délai fixé par l'art. 9, les pièces sont déposées au secrétariat-général du gouvernement. Dans les trente jours, à partir de cette expiration, le conseil d'administration fixe l'indemnité au vu du rapport des experts.

Si les experts ont négligé de donner leur avis dans le délai prescrit, l'évaluation est faite d'office par le conseil sur tous autres documents produits par l'administration ou les intéressés.

Le conseil n'est pas tenu de suivre l'avis des experts, si sa conviction s'y oppose. Il peut, avant de statuer, ordonner une nouvelle expertise et prescrire ou faire telles vérifications qu'il juge convenables.

Art. 15. L'indemnité fixée par le conseil d'administration ne peut être inférieure au prix porté dans le dernier acte d'acquisition augmenté des frais et loyaux coûts, des intérêts échus depuis la prise de possession et des améliorations, ainsi qu'il est dit aux art. 10 et 11.

Néanmoins s'il s'élève des présomptions graves contre la sincérité des actes produits, le conseil, en motivant sa décision, peut prendre pour base de l'estimation les actes anciens, les baux authentiques ou notoires, les actes de vente et les baux concernant les propriétés voisines ou de même nature et généralement tous documents et renseignements qu'il juge propres à éclairer sa religion.

Art. 16. Lorsqu'il y a lieu seulement à expropriation d'une portion de l'immeuble, la portion non expropriée est également estimée, et le propriétaire a l'option ou de se réserver cette portion ou de l'abandonner à l'administration, en réclamant une indemnité pour le tout

L'option doit être notifiée à l'administration avant l'expiration du délai de quarante jours porté à l'article 9. Dans tous les cas, le conseil d'administration a la faculté d'étendre l'expropriation à la totalité de l'immeuble, s'il reconnaît que la portion qui serait réservée au propriétaire ne peut être utilisée par lui pour une construction ou une exploitation indépendante.

Art. 17. Dans le cas d'expropriation pour occupation temporaire, l'état et la consistance de l'immeuble sont constatés, au moment de l'occupation, par un procès verbal descriptif que les agents de l'administration dressent contradictoirement avec le propriétaire ou ses représentants.

Art. 18. L'indemnité pour occupation temporaire peut être réglée administrativement de gré à gré.

A défaut de réglement amiable et après la cessation de l'occupation, il est procédé à l'évaluation de l'indemnité, selon les formes prescrites en cas d'occupation définitive. Sur la demande du propriétaire, des allocations provisoires à titre d'à-compte peuvent être autorisées.

Art. 19. Lorsque les fonds des particuliers sont occupés temporairement pour l'exploitation des carrières ou minières, l'extraction de matériaux ou l'enlèvement des terres, il est dû dédommagement au propriétaire, mais seulement pour la destruction des bâtiments ou clôtures, pour la perte des récoltes pendantes ou pour la diminution de valeur que les terrains ont subie par suite des travaux de l'administration.

S'il existait sur lesdits fonds des carrières en état d'exploitation régulière, les experts et le conseil d'administration auraient égard à cette circonstance dans l'évaluation de l'indemnité, sans toutefois prendre aucunement en considération l'existence ou les besoins des travaux qui ont nécessité l'occupation.

Les dispositions de l'art. 13 sont applicables à l'indemnité due pour occupation temporaire.

Art. 20. Si l'occupation se prolonge plus de trois ans, le propriétaire a le droit d'offrir le délaissement, par une déclaration expresse notifiée à l'administration ; en ce cas, il est procédé à l'expropriation définitive, conformément aux dispositions du présent arrêté, et l'indemnité est réglée eu égard à l'état et consistance de l'immeuble, tels qu'ils auront été constatés par le procès-verbal mentionné en l'article 17.

Art. 21. Si, de la part de quelques personnes et pour quelque cause que ce soit, il s'élève des contestations relativement à l'attribution de tout ou partie de l'indemnité, le règlement en est fait avec la simple indication de l'immeuble exproprié, sauf attribution ultérieure et sous la réserve des droits de qui il appartiendra.

Art. 22. S'il existe des inscriptions sur l'immeuble exproprié, des oppositions ou d'autres empêchements à la délivrance au propriétaire des valeurs représentatives de l'indemnité, ces valeurs seront déposées dans la caisse du domaine, pour être distribuées ou remises selon les règles du droit commun.

Art. 23. L'indemnité est liquidée en rentes constituées et rachetables au taux de l'intérêt légal dans la colonie à l'époque de l'expropriation.

Un arrêté spécial déterminera les dispositions applicables à la forme et à la délivrance des titres, au paiement des arrérages, aux transferts et enfin à l'inscription sur les sommiers du domaine des immeubles expropriés.

Art. 24. La décision du conseil n'est définitive qu'après qu'elle a été rendue exécutoire par le ministre.

Dans le délai de trente jours, à partir de la notification qui leur en est faite, les parties intéressées peuvent déposer au secrétariat du gouvernement les observations et les pièces à l'appui, lesquelles sont adressées au ministre avec la décision elle-même.

Si le ministre n'autorise pas l'exécution de la décision, le conseil est appelé de nouveau à statuer, et les parties intéressées admises à présenter de nouvelles observations, le tout conformément aux dispositions qui précedent.

Les décisions du conseil d'administration, rendues exécutoires par le ministre, ne sont sujettes à aucun recours.

Art. 25. En cas de contestation sur la propriété des immeubles expropriés, ou sur l'attribution de l'indemnité, les tribunaux ordinaires sont appelés à en connaître, et les titres de liquidation ne peuvent être délivrés que sur jugement passé en force de chose jugée, ou sur transaction régulière et authentique.

Titre III. — *Dispositions particulières ou transitoires.*

Art. 26. L'arrêté qui déclare l'utilité publique et prononce l'expropriation, est rendu sur la proposition du chef de service, dans l'intérêt duquel cette expropriation est poursuivie.

Le directeur de l'intérieur fait, pour tous les services, procéder au règlement et à l'attribution de l'indemnité, conformément aux dispositions du présent arrêté.

Les droits du domaine et des corporations sont exclusivement débattus par le directeur des finances, soit administrativement, soit devant les tribunaux.

Art. 27. Tous actes et notifications relatifs à l'expropriation pour cause d'utilité publique, seront faits et rédigés en la forme administrative et enregistrés *gratis*, lorsqu'il y aura lieu à la formalité de l'enregistrement.

Art. 28. L'art. 71 de l'ordonnance du 28 février 1841 est applicable à toutes les modifications faites pour l'exécution du présent arrêté.

Si le propriétaire de l'immeuble exproprié est inconnu, les notifications sont faites au parquet du procureur-général, sans préjudice de l'intervention dudit propriétaire en tout état de l'instruction administrative jusques à la liquidation définitive et attribution de l'indemnité.

Seront en outre observés à l'égard des propriétaires expropriés ou de leurs représentants, notoirement résidant hors de la province dans laquelle l'expropriation se poursuivra, les délais réglés par l'art. 70 de l'ordonnance précitée.

Art. 29. Les frais avancés par l'administration pour parvenir à l'expropriation et au règlement de l'indemnité, resteront à sa charge. L'exproprié acquittera sans répétition les honoraires de l'expert qu'il aura nommé.

Toutes notifications faites par l'huissier sont supportées par la partie qui les aura requises.

Art. 30. L'indemnité due pour expropriation consommée depuis le 7 août 1830 jusqu'à la publication de l'arrêté du 17 octobre 1833, sera réglée, en prenant pour base la valeur des maisons ou terrains à l'époque de la démolition ou de l'occupation.

Art. 31. L'expropriation pour le temps antérieur à la promulgation de l'arrêté du 17 octobre 1833, est réputée consommée : 1° par le seul fait de la démolition ou de l'occupation effective de l'immeuble ; 2° par son attribution à un service public ; 3° par la disposition qu'en aurait faite l'administration en faveur des tiers, à titre d'aliénation, d'échange ou de toute autre manière ; 4° enfin, en conséquence de tout acte ou fait administratif, ayant eu pour résultat de faire cesser la possession du propriétaire.

Art. 32. Toutes dispositions des arrêtés ou règlements antérieurs, relatifs à l'expropriation pour cause d'utilité publique, sont abrogées.

Art. 33. Les directeurs de l'intérieur, des finances et des fortifications, sont chargés, chacun en ce qui le concerne, de l'exécution du présent arrêté.

Alger, le 9 décembre 1841.　　　　　Signé BUGEAUD.

NOTE B.

—

Alger, le 19 janvier 1842.

Nous vous avons promis la semaine dernière une critique raisonnée de l'arrêté du 9 décembre 1841, *pris d'urgence à Alger*, sur l'expropriation des biens en Algérie pour cause d'utilité publique. Nous venons remplir cet engagement.

L'esprit qui l'a créé appartient à une autre époque ; notre civilisation le désavoue : chaque phrase, chaque mot exprime ou décèle une pensée spoliatrice et anti-coloniste ; c'est en réalité la confiscation organisée sous le titre spécieux d'expropriation..... Il ne faudra que nous suivre sur les points saillants où seulement nous nous arrêterons pour s'en convaincre :

L'art. 3 est ainsi conçu : « Le conseil d'administration, avant « de donner son avis (1) peut faire appeler devant lui les pro- « priétaires qu'il s'agit d'exproprier et toutes autres parties

---

(1) Il n'a que voix consultative, c'est le gouverneur qui décide.

« intéressées, pour entendre leurs observations ou réclama-
« tions. »

Ainsi, l'homme qu'on dépossède ne pourra faire entendre
sa défense à ceux qu'on institue ses juges et partie, que si tel
est leur bon plaisir ; d'où il est permis de conclure que plus
son droit sera bon, plus le préjudice qu'on lui causera sera
grand, et moins il aura de chances d'être entendu.

L'art. 6, en réduisant à quinze jours le délai de deux mois,
pour, après la transcription, faire inscrire, sous peine de
déchéance, les priviléges et les hypothèques conventionnels,
judiciaires ou légaux, antérieurs à la publication de l'arrêté
d'expropriation, est une véritable surprise dont bien des intéressés deviendront victimes : tel habitant à Alger se trouvant sur un autre point quelconque de l'Algérie où le *Moniteur Algérien* ne pénètre pas, sera déchu sans le savoir, ou
même prévenu à temps, n'aura pas la possibilité de se mettre
en règle, faute de bateaux partant de Bône, Oran, etc., pour
Alger, s'il se trouve temporairement sur l'un de ces points.

De la combinaison de l'art 7 avec les articles 8, 9, 10, 11,
12, 13, 14, 15 et 23 que nous examinerons successivement, résulte le plus inique abus de la force que législateur ait jamais
pu inventer.... Non seulement, c'est la confiscation appliquée
à qui n'en a pas encouru la peine, mais c'est la confiscation
avec des conséquences tellement réprouvées de la justice, que
la législation sur cette matière, même celle de 1793, a reculé
devant la pensée de les appliquer. Elle s'est bornée à frapper
dans leur existence et dans leur fortune les Français qu'elle
appelait traîtres à la patrie, et n'a point étendu ses rigueurs
aux tiers-intéressés des hommes qu'elle dépouillait : les
droits des créanciers des émigrés ont été respectés.... L'arrêté qui nous occupe, moins scrupuleux, ruinera dans bien
des cas les créanciers des propriétaires qu'il dépossède,
comme on va le voir par l'analyse rapide et commentée des
articles que nous venons de citer.

Voici textuellement l'art. 7 : « Les actions en résolution, en
« revendication et toutes autres actions réelles ne pourront ar-
« rêter l'expropriation ni en empêcher l'effet. *Le droit des*
« *réclamants sera transporté sur le prix pour être exercé comme*
« *celui des créanciers de tout ordre, et l'immeuble en sera af-*
« *franchi. L'indemnité une fois payée, en exécution des dispo-*
« *sitions ci-après, nul recours ne sera admis contre l'adminis-*
« *tration.* » Ainsi, si l'indemnité n'est que de 3000 francs,

quand le créancier hypothécaire en a prêté trente, il perdra 27,000 francs !

L'art. 8 oblige l'exproprié à produire ses titres. L'expression dans les titres produits des origines, consistance et contenance, ne le dispense pas de justifier du droit de ses auteurs, *ainsi que des limites entre les fonds expropriés et les autres propriétés contiguës.* Pour l'exproprié des terres de la Mitidja, dont les abornements sont si incertains, avec du mauvais vouloir de l'autorité il y a là matière à d'interminables procès.

L'art. 9 confère au conseil d'administration le règlement de l'indemnité, après une expertise contradictoire, mais illusoire, le troisième paragraphe de l'art. 14 étant ainsi conçu : « *Le conseil n'est pas tenu de suivre l'avis des experts si sa* « *conviction s'y oppose. Il peut,* avant de statuer, ordonner « une nouvelle expertise et prescrire ou faire telle vérifica- « tion qu'il jugera convenable. » Si le rapport des experts ruine l'exproprié, pour lui il n'y a pas d'appel. S'il lui est un peu favorable, le conseil d'administration l'annulera pour y substituer l'arbitraire de sa volonté.

L'art. 10 prescrit aux experts de baser leur estimation *sur le prix porté dans le dernier acte d'acquét, augmenté des frais et loyaux coûts,* et des intérêts échus depuis la prise de possession effective, etc. C'est là que gît l'exorbitance de l'immoralité de cet acte réprouvé. Nous le développerons plus bas par des exemples.

... . D'après l'article 11, le propriétaire n'a droit aux déboursés des améliorations qu'il a faites sur son bien, que lorsqu'elles en ont accru la valeur vénale ou le revenu annuel ; il peut les perdre même, si le conseil décide qu'*il les a faites en vue d'obtenir une plus forte indemnité.* Ainsi, à part le dernier point, dont vous êtes les juges souverains, tout l'argent que l'exproprié aura dépensé en plantations non productives, en embellissements, en constructions de luxe pour son agrément personnel, etc., etc., quand il n'avait jamais eu la pensée d'être dépossédé, sera perdu pour lui.

Le dédommagement alloué par l'art. 12 aux fermiers ou locataires, *ne s'applique qu'aux pertes matérielles éprouvées, jamais aux bénéfices dont ils prétendraient avoir été privés, ni à la valeur des fonds ou achalandages,* etc. Ce n'était pas assez de spolier l'exproprié, là vous frappez l'industrie d'une véritable banqueroute.

L'art. 13 porte : « Si l'exécution des travaux doit procurer une augmentation de valeur immédiate et spéciale au restant de la propriété ou à une propriété contiguë et appartenant au même propriétaire, cette augmentation est évaluée et portée en déduction du chiffre de l'indemnité. » Et si ces travaux réduisent la valeur, comme cela aura souvent lieu, de la portion de l'immeuble exproprié que vous ne prendrez pas, ce sera tant pis pour l'exproprié; car il lui sera toujours plus avantageux de garder que d'abandonner à votre estimation.

Nous avons plus haut fait connaître la principale disposition de l'art. 14. C'est le type de l'arbitraire.

L'art. 15, prescrivant au conseil d'administration de ne pas fixer l'indemnité au-dessous du prix porté dans le dernier acte d'acquêt et accessoires, comme est expliqué aux articles 10 et 11, donne une nouvelle extension à l'arbitraire dont ce conseil dispose, en l'autorisant, sur des *présomptions graves* contre la sincérité des actes produits, *à n'en pas tenir compte et à prendre pour base de l'estimation les actes anciens,* etc. Et qui est juge de ces *présomptions graves?* Le conseil d'administration !

L'art. 23 dispose, paragraphe 1er : « L'indemnité est liquidée en rentes constituées et rachetables au taux de l'intérêt légal dans la colonie à l'époque de l'expropriation, etc. » Ce n'est pas assez de dépouiller l'exproprié pour l'obole qu'il vous plaira de lui donner, il fallait encore en entraver la disposition en la constituant en rente, qu'aussi vous prétendez forcer le prêteur hypothécaire à prendre en paiement du prêt d'argent qu'il aura fait, à la condition expresse de rentrer dans ce même argent à l'expiration du terme dudit prêt.

Les articles 30 et 31, dans leur effet rétroactif, stipulent, pour les immeubles illégalement séquestrés, que l'indemnité sera basée sur la valeur qu'ils avaient du 7 août 1830 au 17 octobre 1833, en adoptant pour règle les dates durant cette période, soit de leur démolition, de leur occupation effective, de leur attribution à un service public, de leur aliénation et de tout acte administratif ayant eu pour résultat de faire cesser la possession du propriétaire. Ainsi, la plus value acquise depuis 1830 à 1833 jusqu'en 1834 à 1842, sur laquelle les acquéreurs dans ces diverses années auront compté en payant un prix plus élevé, sera perdue pour eux. Tel terrain pour bâtir, par exemple, ne valant en 1833 que 50 c. de rente le mètre carré, augmentant progressivement, aura été payé 3 fr. en 1836, vaut aujourd'hui 10 fr., et ne sera remboursé à l'expro-

prié que 50 c. , qui non seulement perdra le bénéfice de 7 fr.
de rente qui lui était acquis, mais encore les 2 fr. 50 c. de
rente dont il aura déboursé la valeur. Conçoit-on une pa-
reille prétention ?

Avec cet arsenal de dispositions plus iniques les unes que
les autres, la fortune particulière est livrée sans défense à
l'arbitraire, au caprice des gouverneurs présents et futurs
qui, en toute circonstance, sans même être tenus de justifier
moralement l'utilité publique devant servir de base à l'expropriation, peuvent la prononcer et ainsi, par ignorance ou
pour servir leurs passions, consommer la ruine de ceux
qu'elle frappe, et, en plus, des tiers qui, sous la protection
de la loi, confiants dans la valeur réelle des biens de ces
derniers, leur ont prêté leur argent sur hypothèque.

Un exemple pris parmi mille en fournira la preuve; le voici :

M. Chopin fils, de Marseille, l'un des bons colons d'Alger,
au nombre des 10 à 12 propriétés rurales qu'il possède et qui
jusqu'ici, malgré ses coûteuses tentatives pour en mettre plusieurs en valeur, sauf une, sont restées improductives, achète
en 1831 la vaste ferme de Ben-Acnoun, près de Dely-Ibrahim,
où alors il n'existait pas de village, pour une rente annuelle
et perpétuelle de 720 fr., avec un pot-de-vin payé en dehors
du contrat, que nous croyons d'une faible importance.

Cette ferme, aujourd'hui, produit, par baux authentiques, un
revenu net de 12,000 fr., dont un tiers est payé par la guerre
pour logements de cavalerie.

Supposons que M. Chopin ait eu besoin d'emprunter 100
mille francs, il les aurait facilement trouvés en donnant hypothèque sur sa ferme, dont, comme nous venons de le dire,
le revenu net est de 12,000 fr.

Admettons maintenant, comme il en a été et en est encore
fortement question, qu'on l'exproprie pour distribuer cette
terre à des colons qui ne la cultiveront pas aussi bien que ses
fermiers. Aux termes de l'arrêté, on servira à son lieu et place
les 720 fr. de rente à ses vendeurs ; *on ne lui remboursera pas
le pot-de-vin, parce que le contrat d'acquêt n'en fait pas men-
tion*, et, dans l'hypothèse qu'il en justifie, on lui paiera, ou
à son prêteur, les 8 à 10,000 fr. d'augmentation qu'il aura
faite, et on le chassera de son domaine, qu'on lui aura impunément volé ! Si le prêteur hypothécaire que nous avons supposé est réel, il devra se contenter des 10,000 fr. d'indemnité
constitués en rente, et se soumettre à perdre 90,000 fr. , si par
ailleurs M. Chopin n'a pas le moyen de les lui payer !

Qu'on ne croie pas que cet exemple soit exagéré. Il y aura en ville des différences plus exorbitantes encore, tel qui possède des terrains achetés dans les trois ou quatre premières années de l'occupation, pour des prix insignifiants à côté de ceux que le domaine vend journellement aux enchères de 5 à 12 fr. le mètre carré de superficie, sera exposé à se les voir prendre à 10 ou 20 c. le mètre, parce qu'ils n'avaient que cette valeur lorsqu'il les a acquis.

En somme, ce monstrueux arrêté peut se traduire par cet article unique :

« L'administration, en Algérie , dispose à son gré des biens « des particuliers, pour une indemnité qu'elle détermine *sans* « *appel, selon son bon plaisir.* »

Et c'est en présence de l'esprit de fermentation qui a enfanté les communistes, les égalitaires, etc. , dont les sociétés secrètes étendent sans bruit leur réseau sur la France, que le gouvernement autoriserait l'application d'une aussi épouvantable mesure! La chose ne nous paraît pas possible..... Le droit de propriété ne peut ni ne doit être moins sacré en Afrique qu'en France , et il connaît tout le danger qu'il y aurait à y porter atteinte. Rassurons-nous donc et soyons convaincus que nos despotes au petit pied, en voyant briser leur œuvre infâme , ne recueilleront que la honte de l'avoir conçue.

Aujourd'hui, tout désavoue cet acte, et cependant nous croyons pouvoir affirmer que plusieurs y ont pris part : le gouverneur, par amour pour ses villages militaires, en a donné l'idée ; la direction des finances, aidée d'un conseiller à la cour, l'a péniblement élaboré; elle avait pris pour base un peu plus inique que celle adoptée de l'indemnité, la valeur des biens en 1830; on peut, à cet effet, consulter quelques articles de journaux de juillet dernier; MM. Blondel et Henriot, pendant leur séjour a Paris , l'ont ressassé, corrigé, augmenté et *perfectionné* à son état actuel; M. Laurence, sur qui on cherche à en déverser tout le blâme, ne mérite que celui de l'avoir approuvé, et M. Bugeaud a acquis celui de s'en rendre l'éditeur responsable, en le faisant publier d'urgence.

Merci à tous ces messieurs ; la reconnaissance des colons, *comme ils la méritent,* ne leur fera pas défaut.

L'Hermite du Sahel.

5

NOTE C.

—

Modèle de signification et protestation adressé directement à M. le Directeur de l'Intérieur, sur le refus des huissiers SERAIN, LACOTTE et GALIANI de le signifier, et dans l'impuissance de les y contraindre, M. le PROCUREUR-GÉNÉRAL m'en ayant refusé l'ordre.

L'an mil-huit cent quarante-deux, le sept avril, à la requête de M. Rozey, (Armand-Gabriel), propriétaire, demeurant Impasse des Gétules, n. 2, à Alger, j'ai, huissier, etc.,

Déclaré et signifié à M. le comte E. Guyot, chevalier de la Légion-d'Honneur, directeur de l'Intérieur de l'Algérie, que le requérant a reçu la notification qui lui a été faite le vingt-neuf mars dernier, par le ministère de M. Capdebon, commissaire de police de la ville d'Alger, des arrêtés de M. le gouverneur-général, du 6 mars dernier, et de M. le directeur de l'Intérieur, précité du 24 même mois, ayant pour objet l'expropriation pour cause d'utilité publique, de la propriété du requérant joignant le faubourg Babazoun à Alger, lui faisant connaître le sieur Humont comme expert délégué par l'administration, avec sommation à lui d'avoir à se conformer aux dispositions desdits arrêtés, et en conséquence à déclarer dans le délai de dix jours quel est son expert ;

Ce que refusant de faire, il expose :

Attendu que l'utilité de l'expropriation des terrains, bâtiments et parcs clos de murs désignés par l'autorité sous le nom de ferme Rozey, à Babazoun, n'a pas été constatée légalement, quoique depuis environ cinq mois le génie militaire y ait commencé des travaux de terrassement qui n'ont pas discontinué, sans que le requérant en ait été prévenu autrement que par une lettre du 22 octobre dernier, portant le numéro 343 de M. le chef de bataillon du génie, Villeneuve qui, entre-autres dispositions, lui disait : « Il est probable toutefois que le génie « aura bientôt à s'entendre avec vous pour l'établissement « d'ouvrages de fortifications sur des terrains à vous appar- « tenant; dans ce cas vous serez informé, quand il y aura lieu, « de ce qui pourra vous concerner », qu'en outre le tracé de ces fortifications par des rigoles creusées sur les terrains, avait été fait antérieurement à cette date, et qu'ainsi l'expropriation à laquelle ne s'opposait pas le requérant, d'après la loi commune des Français, seule existant alors, était de fait commencée ;

Attendu qu'aucunes lois, ordonnances, arrêtés et réglemens ne peuvent avoir d'effets rétroactifs ;

Attendu que l'administration , sans se donner la peine d'écouter les observations que le requérant avait eu le droit de lui faire, s'est constituée juge et partie dans sa propre cause ;

Attendu que la nomination d'un arbitre administratif et d'un arbitre nommé par le requérant , n'offre pas la garantie suffisante pour l'évaluation de l'indemnité à laquelle le requérant aurait le droit de prétendre en cas d'expropriation ;

Attendu que le rapport des experts ne serait consulté par le bon plaisir de l'administration qu'à titre de renseignement ;

Attendu que sur plus de deux cents propriétés rurales , acquises par le requérant, tant pour lui que comme commissionnaire pour ses nombreux amis, celle qu'on veut exproprier est la seule qui jusqu'ici lui ait été profitable , tandis que les autres ont été et continuent à être onéreuses par leur improduction forcée, faute de sécurité, et par l'inflexible service de la rente en formant ordinairement le prix ;

Attendu que cette campagne par sa position privilégiée, à environ six cents mètres de la porte Babazoun , joignant le nouveau faubourg de ce nom, aujourd'hui compris dans la nouvelle enceinte de la ville , où les terrains pour bâtir se vendent par l'administration même de f. 5 à f. 12 le mètre carré de superficie de rente annuelle et perpétuelle , avait avant cet agrandissement de la cité , déjà acquis une valeur si considérable, que dès-lors elle formait au requérant une fortune brillante compensant le préjudice de ses autres biens d'Afrique, fortune qu'assurait l'exécution de son projet d'ouvrir une place et deux rues sur son plateau aboutissant à la croupe de la montagne dominant le nouveau quartier, trois autres rues en amphithéâtre sur le versant nord de la même colline, et une sixième rue liant le tout avec la grande place du faubourg et, au moyen d'un embranchement, allant aboutir à la grande route, au dessous du fort de l'Empereur, avec la dite grande route, projet donnant une valeur considérable à ce nouveau quartier, dont oralement il avait entretenu MM. le directeur de l'Intérieur et l'architecte de la ville, lequel a reçu un commencement d'exécution par les reconstructions qu'il a fait faire au dessous du Parc-aux-Bœufs, dont les appartemens ne se louent pas moins cher qu'en ville ;

Attendu que le requérant, sans défiance contre la loyauté personnelle de chacun de MM. les membres composant le conseil d'administration, ne peut cependant abandonner des intérêts aussi majeurs aux chances de l'arbitraire dont le conseil peut disposer ;

Attendu, en droit, que l'arrêté du 9 décembre dernier, violation manifeste des lois du 16 septembre 1807, 30 mai 1831, et 9 juillet 1833 et de tous principes de droit des gens sur la matière, n'a pas même le caractère légal voulu par les articles 4 et 5 de l'ordonnance du 22 Juillet 1834, stipulant : « 1° que jusqu'à ce qu'il en soit autrement ordonné, les possessions françaises dans le nord de l'Afrique seront régiés par nos ordonnances ; 2° que le gouverneur prépare, en conseil, les projets d'ordonnances et les transmet au ministre de la guerre; 3° que dans les cas extraordinaires et urgents, il peut, provisoirement, et par voie d'arrêté, rendre exécutoires les dispositions contenues dans un projet ;

Attendu qu'il n'est pas de dérision plus amère que celle de prétendre qu'une loi sur l'expropriation des biens d'un état aussi vaste que l'Algérie, loi dont l'importance a dans tous les temps longuement absorbé la méditation des plus grands législateurs, soit une loi d'urgence ;

Attendu que ledit arrêté du 9 décembre dernier a tout le caractère d'une loi définitive et non d'une mesure provisoire devant être soumise à l'approbation du ministre, attendu que M. le gouverneur-général de l'Algérie qui a pris un arrêté d'urgence n'est point en la matière un agent responsable du pouvoir ;

Attendu que les citoyens français n'ont pas plus renoncé à Alger que partout ailleurs à la protection de la loi française, que toute mesure violente et arbitraire est aussi inconstitutionnelle à Alger qu'à Paris, que les champs qu'ils ont achetés et payés sur ce premier point ne sont pas moins à eux que s'ils les avaient achetés et payés sur le dernier, qu'enfin c'est à tort, sans raison, et contre tout principe de justice que l'administration croit pouvoir en disposer au moyen d'une indemnité fixée par son bon plaisir, en s'appuyant sur l'arrêté déjà cité, et dont l'abrogation ne peut se faire attendre, et qui dans les circonstances actuelles ne pourrait s'appliquer au requérant sans rétroactivité;

Par ces motifs, le requérant proteste tant contre l'arrêté du 9 décembre 1841 que contre son application, en ce qui le

n
ri
pi
tés
Pι
ce cor,
ment se

le
pas
mi-
Cette

ligne, affranchie de toutes difficultés de construction, beaucoup plus courte et moins dispendieuse, mettrait le second ravin et le plateau, déjà cités, dans la ville, ce qui, sous ce dernier rapport, serait d'un grand avantage pour y créer quelques-uns des établissements dont elle manque.

Nous savons qu'on a parlé de ménager une enfilade pour les canons du fort l'Empereur. A moins de combler le ravin traversé par les fortifications, ravin où pourraient s'abriter les assiégeants, nous ne comprenons pas l'utilité de cette enfilade. Nous désirons que la raison triomphe de cette méticuleuse exigence de l'art et préserve la cité de cette nouvelle bévue.

Pauvre cité ! à quelles mutilations votre plan d'agrandissement n'est-il pas exposé ? Pauvres colons, à quelles vicissitudes n'êtes-vous pas assujétis ? Ce n'est pas assez de monter une garde tous les six jours, de ne pouvoir sortir cinq minutes du poste sans encourir trois jours de prison : de supporter des réquisitions qui exténuent vos modestes attelages et arrêtent indéfiniment vos travaux agricoles ; d'avoir suspendu sur votre tête, comme l'épée de Damoclès, l'arrêté Bugeaud du 15 avril dernier, confisquant vos biens au profit des villages militaires, *sauf règlement ultérieur de l'indemnité* qu'on n'a guère envie de vous payer ; le fisc et la tromperie vous assiégent, et ceux qui vous administrent semblent faire assaut de duplicité pour vous ruiner.

La direction des finances dresse le plan d'un nouveau quartier, qu'elle veut asseoir à droite de la grande route, sur l'emplacement rocailleux et accidenté s'étendant du marché aux bestiaux au fort Babazoun : deux places, deux rues longitudinales et plusieurs rues transversales sont tracées ; les deux rues longitudinales forment parallèle avec la grande route conduisant de la porte au fort Babazoun, où elles aboutissent également. L'importance de la circulation qui s'y fera dès qu'elles seront ouvertes appelle l'attention de la spéculation industrielle, qui, aux enchères publiques, prend sans coup férir, pour bâtir, les 31 lots de terrain mis en vente au prix de un franc à deux francs cinquante centimes le mètre carré de superficie, de rente perpétuelle. Plusieurs acquéreurs mettent hache en bois ; de belles et considérables constructions s'élèvent comme par enchantement ; lassés d'attendre, on sollicite l'ouverture des accès qui doivent les rendre habitables ; la direction de l'Intérieur répond qu'elle manque d'argent pour en exécuter les travaux, que sur un point seulement elle a commencés, et qui sont suspendus, pendant que celle des finan-

ces poursuit les adjudicataires des terrains, qui, avec raison
refusent d'en payer les rentes. Environ deux années s'écoulent
dans ces tiraillements d'intérêts privés, d'exigence fiscale et
d'inertie administrative, et font surgir une nouvelle difficulté
bien autrement insurmontable : l'artillerie trop à l'étroit dans
l'arsenal de la marine, choisit la moitié du nouveau quartier
pour asseoir son parc, comprenant l'emplacement où station-
nent les meules de fourrages et celui du nouveau Parc-aux-
Bœufs, que l'un et l'autre il faudra caser ailleurs, ce nouvel
arsenal devant comprendre tous les terrains situés à droite de
la route, au-delà du premier ravin se trouvant après le moulin à vapeur, jusqu'aux nouvelles fortifications, et ainsi cou-
per les deux rues longitudinales; il s'en suivra que les trente-
un lots vendus par la direction des finances se trouveront
dans un cul-de-sac, qu'on aura ruiné ceux qui ont bâti, si
on ne les rembourse intégralement, et que le projet d'agrandissement de la ville sera avorté.

C'est ainsi pourtant que les choses paraissent devoir se passer ; car nous affirmons que la direction des finances a déjà
reçu l'ordre du ministre de la guerre de mettre les emplacements dont nous venons de parler à la disposition de l'artillerie. Heureusement que les magasins à fourrage et le Parc-aux-
Bœufs ne sont pas faciles à déloger, et que les réclamations
que cela va donner le temps de faire entendre ne permettront
pas de consommer cet acte de vandalisme, car il y en aurait
à donner cette destination à des terrains d'une aussi grande
valeur et d'une indispensabilité aussi péremptoire à l'accrois-
sement de la population. On en sera convaincu en apprenant
que les terrains du moulin à vapeur, immédiatement en retour de l'arsenal projeté, qu'ils joignent, se vendent, avec l'espérance du débouché des rues, cinq francs de rente le mètre
de superficie, et que la direction des finances, dans le même
quartier, mais plus rapproché de la ville, en a adjugé deux
lots le 18 courant : le premier de 196 mètres, quelle avait estimé 550 francs, 2050 fr. de rente, et le second, de 224 mètres, moins bien placé, qu'elle avait estimé 250 fr., pour 1,400
francs de rente!!!! Un troisième lot, de 124 mètres, à la campagne, sur la place Berkadem, qui ne compte encore que
trois maisons, estimé 50 fr., a été adjugé pour 250 fr. de
rente.

En présence de ces faits, qui prouvent si évidemment la
vitalité de la colonie, aura-t-on le cynisme de laisser à l'artil-

lerie les 30,000 mètres de terrain qu'elle a demandés, maintenant qu'on sait que l'état, en les vendant pour bâtir, d'après le plan de la direction des finances, en retirerait aujourd'hui de 100 à 150 mille francs de rente ? Nous ne voudrions pas jurer du contraire.

Cependant, il est un autre emplacement qui conviendrait aussi bien à l'artillerie, se trouvant immédiatement au-delà de celui qu'elle désire ; il n'aurait que l'inconvénient d'être en dehors des nouvelles fortifications, avec lesquelles on pourrait le lier. Pourquoi, au surplus, ne pas mettre à sa disposition l'esplanade Bab-el-oued ? Cette concession ne porterait préjudice à aucun intérêt, privé ni public; seulement la milice citoyenne, au lieu de passer là ses revues, serait forcée d'aller à Mustapha. On sait que grâce à la nouvelle création du colonel Marengo, immédiatement au-dessus, les promeneurs même n'y perdraient rien.

La longueur de cet article nous empêche de signaler une foule d'autres abus ; nous ne le terminerons pas cependant sans demander pourquoi on dépense un demi-million à élever un clocher, quand nos soldats malades meurent à la belle étoile, faute d'hôpitaux suffisants pour les abriter ; pourquoi on va chercher outre-mer les pierres de ce clocher, quand on en a de moins belles à la vérité, mais de meilleures aux portes d'Alger, à 30 francs par mètre cube moins chères; pourquoi l'industrie des moulins à vent et à eau est exclue des moutures du gouvernement au bénéfice des moulins à vapeur ; pourquoi enfin on nous impose un gouverneur anti-coloniste? Nos vœux comme nos besoins n'ont pas cessé d'appeler celui que deux fois nous avons regretté, qui vient en ce moment nous visiter, le digne maréchal Clauzel, enfin, qui ferait marcher nos affaires, si cette fois on lui en fournissait les moyens, comme on l'a fait pour tous ses successeurs, en les entravant d'une autre façon.

NOTE E.

LES COLONS D'ALGER

A MM. LES PRÉSIDENT ET MEMBRES DE LA CHAMBRE DES DÉPUTÉS.

MESSIEURS LES DÉPUTÉS,

La population civile de l'Algérie ballotée depuis la conquête entre les quasi-systèmes des hommes qui ont été appelés à la

gouverner, soit qu'ils leur aient été propres, soit qu'ils en aient
été les instruments, en a subi toutes les vicissitudes, et, en dehors du massif d'Alger, a été entretenue par cette force d'inertie,
dans l'impuissance de faire faire un pas à la colonisation agricole,
quand celle industrielle a fait en con truction, dans tous les centres de populations, des progrès aussi immenses qu'étonnants.

Nous n'essaierons pas, Messieurs les Députés, de développer
les causes des déplorables calamités qui chaque année neutralisent
les sacrifices exorbitans d'hommes et d'argent de la Mère-Patrie,
et rendent improductifs les généreux et persévérants efforts
des colons; nous nous bornerons à proclamer que ces causes ont
leur base unique, dans l'odieux arbitraire du variable régime
exceptionnel sous lequel nous avons jusqu'ici vécu.

Pour mettre un terme au mal, pour faire fleurir une des con-
trées du globe les plus riches en germes de production, et arriver
promptement à affranchir la France des dépenses ruineuses dont
à chaque session elle grève son budget pour l'Algérie, nous
venons avec confiance, MM. les Députés, réclamer votre intervention auprès du gouvernement:

1° Pour faire déclarer, législativement, l'Algérie partie intégrante du sol français.

2° Pour nous faire rentrer partout où existe la juridiction de
nos tribunaux, dans le droit commun des Français, par l'abrogation immédiate de la législation exceptionnelle spéciale à l'Algérie, et notamment des arrêtés du 19 mars 1841, plaçant la milice citoyenne sous le commandement militaire qui en exige un
service vexatoire et onéreux; du 9 décembre 1841 sur l'expropriation des biens pour cause d'utilité publique, véritable monstruo-
sité législative, brisant le droit sacré de propriété; et du 6 mars
1842 restreignant le nombre des débitants de boissons, dont la
fixation, dans chaque localité, est abandonnée à la volonté
du chef militaire; mesure adoptée en vue de préserver l'armée
du vice de l'ivrognerie, et qui ne pouvant atteindre ce but, jette
la perturbation dans cette branche importante d'industrie, réduit
à la misère plusieurs centaines de familles, au profit de quelques
privilégiés, porte atteinte à la liberté du commerce qu'elle me-
nace de nombreuses faillites, et paralyse les constructions par
l'inoccupation d'une foule de maisons, qui sera la conséquence
de son application.

Subsidiairement:

3° Si l'on croyait inopportun d'aglomérer, comme département,
l'Algérie à la France, pour la proclamer par une loi colonie fran-

çaise, la faire doter immédiatement d'un gouvernement civil, d'un conseil colonial sur les bases de ceux institués pour les autres colonies, par la loi du 24 avril 1833, et de lois spéciales plus en harmonie avec les besoins et avec les principes de la justice que celles, dans l'un comme dans l'autre cas, dont nous demandons la révocation.

4° Pour obtenir une loi abolissant les substitutions qui grèvent une partie des propriétés.

5° Pour qu'on s'occupe enfin du dessèchement des marais, dont les miasmes tuent annuellement un quart du personnel de l'armée, non-valeur coûtant au trésor aussi, année commune, dix millions! quand trois millions une fois dépensés en travaux bien entendus, affranchiraient la France de cet épouvantable impôt. Jusqu'ici l'argent voté pour cet impôt sacré a généralement reçu une autre destination.

La confiance que ferait naître cette dernière mesure, sans l'exécution de laquelle il n'est pas de colonisation possible, Messieurs les Députés, aiderait puissamment à la sécurité qu'une force bien administrée et secondée par une bonne politique devrait nous procurer ; la pacification générale en serait la prompte conséquence, et la question d'Afrique serait résolue en faveur des deux pays.

Si nous vous devons ces bienfaits, notre vive reconnaissance en sera le prix et vous aurez bien mérité de la patrie.

Délibéré et signé en assemblée des Colons:

A Alger, le 25 avril 1842.

NOTE F.

CONSULTATION AU BARREAU DE FRANCE.

Les Français de l'Algérie invoquent les lumières des Jurisconsultes de la métropole pour résoudre les questions suivantes :

1° Sous quel régime vivent-ils dans le nord de l'Afrique ?

2° Quelles sont leurs garanties ?

3° Quels moyens ont-ils de les faire respecter ?

Sur la première question, ils déclarent qu'ayant contribué selon les lois de leur pays, à la conquête de la régence, ils ont pensé qu'elle leur appartenait, ni plus ni moins, qu'à tout autre Français, quelle que soit sa position sociale : de plus en venant ici coopérer à l'œuvre bienfaisante de la civilisation, ils n'ont pris aucun engagement verbal, sous seing-privé ou par devant notaire, de renoncer aux droits de citoyen, ni à la protection de la mère-patrie : d'un autre côté, nul avertissement du pouvoir exécutif ne les a prévenus qu'en arrivant sur cette plage, ils seraient immédiatement dépouillés de toute espèce de droit constitutionnel, légal et naturel.

Les avocats de France éprouveront quelqu'embarras à répondre, parce que l'étude du droit n'a pu leur faire connaître une foule de dispositions administratives qui ont pour principe le bon plaisir, pour règle l'arbitraire, et pour frein la force brutale. Nous voudrions bien les expliquer, nous qui en avons fait la triste expérience, mais comment faire comprendre à autrui ce qu'on ne comprend pas plus soi-même que les mille et un législateurs de l'Algérie ?

Sous quel régime vivons-nous donc ? Sommes-nous partie intégrante de la France comme la Corse ? sommes-nous colonie française, comme celles que le tyran des mers nous a laissées ? ou sommes-nous sur une terre étrangère, comme la Laponie, la Sibérie, la Chine, la Perse ou le Japon ?

Ne connaissant pas toutes les lois qui régissent le monde civilisé, nous ne trouvons pas d'autre catégorie où nous puissions nous placer.

Nous ne sommes pas comme la Corse, puisqu'on nous dénie toute prérogative constitutionnelle ; nous ne sommes pas colonie française, car la charte de 1830 art. 64 dit : « Les colonies sont « régies par des lois particulières. » Or ici nous n'avons pas de *lois*, mais des *ordonnances* et des *arrêtés*. Nous ne sommes pas non plus pays étrangers ; car même à Tripoli de Barbarie, nous avons un consul qui prend le citoyen français sous sa protection et intervient avec toute la puissance et la majesté de notre grande nation entre son compatriote et tout gouvernement oppresseur : ici lorsqu'on nous chasse, qu'on nous exproprie et qu'on détruit nos établissements commerciaux, nous n'avons personne, pas même un consul pour nous prêter l'assistance du droit des gens. Qui sommes-nous donc ? en vérité je ne sais qu'en dire !

Arrivons à la seconde question : Il existe, pour la colonie, une ordonnance, qui ne dérive pas de la charte, puisque ce n'est pas une loi particulière ; cette ordonnance est datée du 22 juillet 1834, son art. 4 est ainsi conçu : « Jusqu'à ce qu'il en soit autre- « ment ordonné, les possessions françaises dans le nord de « l'Afrique seront régies *par nos ordonnances*. »

L'art. 5 ajoute: « Le gouverneur général prépare en conseil
« les projets d'ordonnance que réclame la situation du pays et les
« transmet à notre ministre secrétaire d'état de la guerre.

« Dans les cas *extraordinaires* et *urgents*, il peut *provisoire-*
« *ment* et par voie *d'arrêté*, rendre exécutoires les dispositions
« contenues dans ces projets. »

Essayons de trouver là une garantie et surtout de l'appliquer.

Et d'abord qu'on nous fasse l'amitié de nous dire s'il suffit pour
qu'un *cas soit extraordinaire* et *urgent*, de qualifier ainsi toute
espèce de mesure, lors même qu'elle devrait éternellement durer.

Ainsi un simple arrêté du *ministre de la guerre* donne au
gouverneur, *provisoirement*, depuis six ans, le pouvoir, que le
ministre n'a pas d'exclure du pays qui bon lui semble. Le gouverneur fait aujourd'hui revivre une disposition, qui date de dix
ans, pour détruire par un arrêté *d'urgence* tous les cafés et tous
les restaurants, quelle que soit leur ancienneté, qui ne lui con-
viennent pas, et l'urgence a cela de remarquable que la mesure est
prise, dit-on dans l'intérêt de l'armée; au moment où elle s'en
va, on rend, par *voie d'arrêté*, une loi d'expropriation qui ané-
antit pour toujours le droit de propriété dans toute l'étendue d'un
royaume. Par un quatrième arrêté on prive, même pendant six
mois d'hiver lorsque toute l'armée est dans les villes, toute la
milice de ses garanties civiles pour la placer sous la loi militaire
à laquelle elle a satisfait dans la métropole. Il en est ainsi d'une
foule de lois organiques, qui datent de dix à douze ans et en tête
desquelles on ne prend plus même la peine de placer toujours
les mots *vu l'urgence.*

Si les *lois* discutées et votées par les trois pouvoirs offrent
plus de garanties que les *ordonnances*; si les *arrêtés* d'un gouverneur, qui n'a pas étudié le droit et ne sait ce qu'est un effet
rétroactif, n'offrent pas autant de garanties que les *ordonnances*
élaborées et méditées avant d'être soumises à l'approbation du
roi, n'y a-t-il aucun moyen de châtier de pareils abus de
pouvoir?

Et maintenant, 1°. l'art. 64 de la charte, produit du suffrage
universel, ne rend-il pas illégales même les ordonnances?
2° Celle du 22 juillet ne rend-elle pas aussi illégaux tous les arrêtés qui n'ont pas un caractère *d'urgence*? 3°. Si cela est, que le
barreau de France veuille bien nous indiquer les moyens de soustraire nos fortunes et nos personnes à l'arbitraire d'actes inconstitu-
tionnels et illégaux, et s'il n'y avait aucun moyen de punir cor-
rectionnellement ou civilement les abus de pouvoir d'un régime

ignorant et brutal, qui professe pour nous et nos droits un coupable mépris, on avertirait les Français, tentés de nous imiter, de bien se garder de venir dans un pays où tous les droits sont livrés à la passion et à l'ineptie de tous les sabreurs qu'il plaira au gouvernement de nous envoyer.

MILHOT DE VERNOUX.

NOTE G.

M. DUVIVIER, *sans à coup* (1) et d'une haute science, qui, assure-t-on, pour mieux s'identifier avec les Indigènes, en a pris les mœurs et sondé le caractère dont il nous fait une séduisante description, déclare quelque part dans son livre, qu'un homme ne peut tout savoir ; ce qui ne l'empêche pas de s'ériger en grand capitaine jugeant Napoléon, en profond penseur et sentencieux écrivain à la manière de Montesquieu, en historien romain comme Tacite, en législateur haut placé tout près de Moïse, Mahomet, Lycurgue, voire même le Christ, en orientaliste traducteur du Koran, en docteur médecin, en marin de premier ordre, en savant mathématicien, etc, etc.

Il conseille dans son haut savoir économiste, d'assainir au rebours en retenant les eaux par des barrages, au lieu de creuser des canaux pour les faire écouler ; il annonce comme inhabitable la Mitidja qu'il regarde cependant comme ayant été grandement peuplée avant notre conquête ; pour acclimater les Européens, il trouve prudent de les faire arriver au mois d'août, afin de les faire rôtir tout d'un coup dans un four, pour les accoutumer à la chaleur ; il a découvert que l'eau de riz et les ceintures de flanelle étaient utiles contre les irritations intestinales ; qu'un canal infranchissable au pied de l'Atlas, augmenterait le nombre de soldats chagés de nous garder ; que les terrains montagneux sont plus fertiles que les plaines. Marin supérieur aux d'Estaing, Guillin, Lalande et Duperré, il conseille d'enfermer tous nos vaisseaux dans un seul port et de les faire détruire par l'ennemi pour qu'il ne soit plus maître des mers ; il déclare funeste le projet d'un port militaire à Alger, sans doute parce qu'il est avantageux, en cas de tempête, de n'avoir point d'asile ; laissant complaisamment arriver une flotte anglaise tout près du môle qu'on aurait soin de dégarnir de canons, la nôtre serait sans doute

____

(1) Expression favorite de M. Duvivier.

brulée par des feux courbes et des canons à la Paixhans inventés
par nous et dont nous ne saurions pas nous servir. « Un port
militaire à Alger ! s'écrie M. **Duvivier**, mais, ce serait la perte
de notre marine ! » Pour attirer des capitalistes, des travailleurs,
il faut les dépouiller de toute espèce de garantie, et s'amuser de
temps en temps à les ruiner, opprimer, vexer, spolier et surtout
les faire embarquer en masse, ce qui est le moyen le plus expé-
ditif de peupler et de coloniser promptement le pays. M. Duvivier
qui, *sans à coup* veut propager ses colons militaires jusqu'au
milieu du désert et auxquels je souhaite meilleure chance qu'à
ceux de Fouka, ne colonise que sur le papier, par manière d'a-
musement : car, à quoi cela pourrait-il servir en Algérie ? La
France n'a pas de trop plein de population ; nos sables et nos
marais valent mieux que sa régence ; aucun commerce d'échange n'est à espérer ; deux cents lieues de côtes ne seraient bonnes
qu'à nicher nos corsaires ; la civilisation ne veut pas les mœurs
arabes.... ! Un seul but pourrait s'offrir, dans une époque loin-
taine, à notre possession d'Afrique : ce serait d'offrir un asile au
peuple français, s'il lui plaisait de céder Paris aux Anglais et
aux Russes.

Malgré les nombreuses contradictions dont fourmille l'ouvrage
de M. Duvivier et qui en font un non sens perpétuel, on y voit cependant dominer une pensée fixe qu'un œil exercé découvre depuis la première jusqu'à la dernière ligne de son singulier
livre ; et, à cet égard, nous ne pouvons dissimuler l'indignation
que nous ont fait éprouver les éloges que des feuilles soi disant
nationales ont osé faire d'une aussi odieuse conception. Cette
pensée, c'est celle qui a inspiré le traité de la Tafna, c'est celle
qui a fourni des armes et des munitions aux Arabes, celle qui
a parqué nos soldats manquant de tout, dans des marais infects,
celle qui leur a donné la consigne de ne pas bouger quand ils
verraient massacrer les colons, celle qui a présidé à l'incendie
et à la destruction de nos établissements, celle qui n'a choisi
pour envoyer en Afrique que ce qu'il y avait de paresseux et
d'inepte parmi les ouvriers et les employés, celle qui a persécuté
les vrais colons et les a abreuvés d'outrages, celle enfin qui cherche partout des plumes vénales pour proclamer la légitimité du
vol administratif et de la confiscation, celle qui nie le droit de
propriété aux Indigènes, pour s'emparer commodément des
biens qu'ils ont vendus !... En doutez-vous ? Lisez dans l'ouvrage
Duvivier :

« La civilisation se fera mieux par Abd-el-Kader que par nous ;

« il faut donner un commandement à ce Bedouin vaincu jusqu'au
« moment où on lui cèdera la régence. — Nulle puissance , nulle
« gloire, nul avantage n'est à espérer pour la France d'une con-
« quête que l'Angleterre serait désesperée de lui voir abandon-
« ner. » Lisez, page 135 du livre , la note suivante : « Pense-t-ou
« que si la France, par une capitulation ou une convention quel-
« conque, consentait à donner Alger à Abd-el-Kad.r, elle devrait
« des indemnités à tous les Français qui seraient forcés de se re-
« tirer au moment même pour sauver leurs têtes ? Si au con-
« traire, elle livrait Toulou à des peuples de la même barbarie,
« ne devrait-elle pas de fortes indemnités à tous les Franç is con-
« traints de se sauver ? »

Pour indemniser les colons, il faudrait une loi votée pas les
trois pouvoirs, et il n'en faudrait pas pour abandonner la régence;
ce qui serait fort commode pour les traîtres.

Lisez encore, page 284 : « En cas d'abandon par un coup de
« dé, qu'on prenne toutes les dispositions les plus convenables
« pour établir le commandement d'Abd--el-Kader, et pour lui
« donner le matériel nécessaire à la défense d'Alger, d'Oran, de
« Bougie et autres lieux semblables. »

Ainsi, pour constituer plus fortement que jamais la piraterie,
la France aurait sacrifié cinquante mille soldats, plusieurs centaines de millions, et ruiné ses propres enfants!.... Un écrivain
salarié, Anglais, écrirait-il mieux contre la France ? La pensée
de M. Duvivier est celle de l'abandon ; son livre est un plaidoyer
en faveur de cette trahison. Il serait la pièce la plus éloquente
contre les agents du pouvoir qui ne le poursuivraient pas, si
nous avions la réalité du gouvernement représentatif.

FIN.